« ET MAINTENANT, SI NOUS COMMENCIONS PAR JOUER, AVANT D'ESSAYER D'ÊTRE SÉRIEUX, EN DISANT QUE TOUTES LES CHOSES DÉSIRENT LA CONTEMPLATION ET VISENT À CETTE FIN »

LES ÉCRITS DE PLOTIN

LES ÉCRITS DE PLOTIN

COLLECTION FONDÉE PAR PIERRE HADOT

BIBLIOTHÈQUE DES TEXTES PHILOSOPHIQUES

LES ÉCRITS DE PLOTIN

PLOTIN

TRAITE 30

III, 8

SUR LA NATURE, LA CONTEMPLATION ET L'UN

Introduction, traduction, commentaire et notes
par

Bertrand Ham

PARIS
LIBRAIRIE PHILOSOPHIQUE J. VRIN
6 place de la Sorbonne, V[e]

2021

À la Librairie philosophique J. Vrin

Traité 19 (I, 9). *Sur les vertus*, introduction, traduction, commentaire et notes par Dominic J. O'Meara, 2019

Traité 20 (I, 3). *Sur la dialectique*, introduction, traduction, commentaire et notes par Jean-Baptiste Gourinat, 2016

Traité 31 (V, 8). *Sur la beauté intelligible*, introduction, traduction, commentaire et notes par Anne-Lise Darras-Worms, 2018

Imprimé en France
ISSN 0249-7980
ISBN 978-2-7116-2993-0
www.vrin.fr

Ma première pensée va à Pierre Hadot qui m'a généreusement confié ses notes préparatoires au cours qu'il a donné sur le Traité 30 au Collège de France en 1989-1990.

Je me souviens avec gratitude de ce que m'ont apporté Jean-Daniel Dubois, Philippe Hoffmann et Luciana Soares lors des journées d'études et des séminaires sur Plotin et les gnostiques.

Je remercie vivement Anne-Lise Darras-Worms et Dominic O'Meara pour leur relecture et leurs conseils.

Bertrand Ham

TABLE DE CORRESPONDANCES

Ordre des Ennéades → Ordre chronologique

Enn.	Chron.	Enn.	Chron.	Enn.	Chron.	Enn.	Chron.	Enn.	Chron.	Enn.	Chron.
I 1	53	II 1	40	III 1	3	IV 1	21	V 1	10	VI 1	42
2	19	2	14	2	47	2	4	2	11	2	43
3	20	3	52	3	48	3	27	3	49	3	44
4	46	4	12	4	15	4	28	4	7	4	22
5	36	5	25	5	50	5	29	5	32	5	23
6	1	6	17	6	26	6	41	6	24	6	34
7	54	7	37	7	45	7	2	7	18	7	38
8	51	8	35	8	30	8	6	8	31	8	39
9	16	9	33	9	13	9	8	9	5	9	9

Ordre chronologique → Ordre des Ennéades

Chron.	Enn.	Chron.	Enn.	Chron.	Enn.	Chron.	Enn.	Chron.	Enn.	Chron.	Enn.
1	I 6	10	V 1	19	I 2	28	IV 4	37	II 7	46	I 4
2	IV 7	11	V 2	20	I 3	29	IV 5	38	VI 7	47	III 2
3	III 1	12	II 4	21	IV 1	30	III 8	39	VI 8	48	III 3
4	IV 2	13	III 9	22	VI 4	31	V 8	40	II 1	49	V 3
5	V 9	14	II 2	23	VI 5	32	V 5	41	IV 6	50	III 5
6	IV 8	15	III 4	24	V 6	33	II 9	42	VI 1	51	I 8
7	V 4	16	I 9	25	II 5	34	VI 6	43	VI 2	52	II 3
8	IV 9	17	II 6	26	III 6	35	II 8	44	VI 3	53	I 1
9	VI 9	18	V 7	27	IV 3	36	I 5	45	III 7	54	I 7

AVANT-PROPOS

Cette nouvelle traduction française de Plotin a été rendue nécessaire par les progrès que la recherche plotinienne a accomplis depuis cinquante ans. Elle propose de rendre, dans la mesure du possible, les écrits de ce philosophe accessibles au lecteur moderne, non seulement grâce à une traduction *qui essaiera, par tous les moyens utilisables, de rendre intelligible le texte d'un auteur qui, trop souvent, exprime sa pensée avec une concision désespérante, mais aussi à l'aide d'un* commentaire *qui s'efforcera de suivre pas à pas le texte en expliquant la suite des idées, le mouvement de pensée que l'on peut observer dans le traité plotinien. Il est bien évident que la division en parties, ainsi que les titres des parties et les sous-titres, qui ont été ajoutés dans la traduction, ne sont pas de Plotin, mais nous les avons introduits pour aider le lecteur à s'orienter (la division en chapitres, qui ne correspond pas toujours exactement aux divisions de la pensée, a été faite par Marsile Ficin). L'*introduction *cherchera à donner une vue générale et synthétique sur l'ouvrage. Des* notes critiques, *en général brèves, justifieront tel ou tel choix effectué dans la traduction et indiqueront les sources littérales du texte de Plotin. Un bref* index *rassemblera pour chaque traité les mots techniques principaux et leur traduction.*

Le texte grec *que nous traduirons sans le reproduire est celui qui a été publié par P. Henry et H.-R. Schwyzer (*editio minor, *désigné désormais par H-S*[2]*), en trois volumes, à Oxford (Clarendon Press) en 1964, 1977, 1982. Mais le lecteur pourra utiliser également l'*editio maior *de P. Henry et H.-R. Schwyzer (= H-S*[1]*), parue en trois volumes en 1951, 1959, 1973 à Paris, Bruxelles, et Leyde (Museum Lessianum, Series Philosophica, t. XXXIII-XXXV). Quand la traduction que nous proposons suppose un texte différent aussi bien de H-S*[1] *que de H-S*[2]*, nous l'avons indiqué dans les notes critiques. Mais nous n'avons pas signalé systématiquement nos divergences avec l'édition Theiler qui, à côté d'excellentes conjectures que nous avons adoptées et citées, corrige trop souvent le texte des manuscrits pour des raisons purement grammaticales.*

À ce sujet, rappelons qu'il existe une précieuse étude de la grammaire de Plotin dans l'article « Plotinos *» de H.-R. Schwyzer dans le* Pauly-Wissowa. *Nous n'avons pas indiqué en note toutes les particularités grammaticales du style de Plotin.*

Cette traduction aura la particularité de présenter les traités de Plotin dans leur ordre chronologique que nous connaissons grâce aux chapitres 4 à 6 de la Vie de Plotin *par son disciple Porphyre, pour les besoins de l'ordre systématique qu'il avait voulu introduire dans l'œuvre littéraire de son maître, en disposant de manière artificielle ses écrits selon le schéma de six* Ennéades.

Dans les citations de Plotin (et de la Vie de Plotin *par Porphyre), nous donnerons d'abord le numéro du traité dans l'ordre chronologique, par exemple : 38, suivi des indications correspondant à l'ordre systématique des* Ennéades, *par exemple 38 (VI, 7), ensuite, selon l'usage habituel, les numéros des chapitres et des lignes de chapitres de l'édition Bréhier (ces lignes étant conservées telles quelles dans toutes les éditions récentes), donc, finalement, par exemple : 38 (VI, 7), 1, 1. On trouvera au début de chaque volume de la présente collection une table de correspondance entre l'ordre chronologique et l'ordre systématique.*

Pierre Hadot

INTRODUCTION

I. La place du traité dans l'Œuvre de Plotin

1. *Le* Traité 30 *dans l'ordre systématique et chronologique*

Porphyre a placé notre traité dans la troisième *Ennéade*, où il a regroupé des traités consacrés au monde sensible et à des considérations en rapport avec le monde sensible[1], avec un titre, « Sur la nature, la contemplation et l'Un », qui correspond assez bien aux grandes articulations du traité : 1, 18 – 4, 31 (la nature), 1, 18 - [1, 18 - 4, 31] - 8, 48 (la contemplation), 9, 1 - 11, 45 (l'Un). Porphyre justifie ce rangement du traité dans la troisième *Ennéade* par sa « section sur la nature »[2].

Ce traité est le trentième dans l'ordre chronologique transmis par Porphyre[3]. Il fait donc partie des 24 traités (*22* à *45*) rédigés dans la période où Porphyre se trouvait à Rome auprès de Plotin[4], entre 263 et 268[5], années correspondant, selon le disciple, à l'acmé de son maître[6]. Le titre plus court retenu dans l'énumération chronologique, « Sur la contemplation », est aussi plus conforme au mouvement général du traité qui parcourt dans un ordre ascendant les divers degrés de la contemplation (nature, âme, Intellect) que transcende l'Un-Bien, but et

1. *Vie de Plotin*, 24, 41-42.
2. *Vie de Plotin*, 25, 8-9.
3. *Vie de Plotin*, 5, 23-24.
4. *Vie de Plotin*, 5, 1-2.
5. *Cf.* R. Goulet, « Le système chronologique de la *Vie de Plotin* », dans L. Brisson, *et alii*, *Porphyre, La Vie de Plotin*, t. I, Paris, 1982, p. 187-227.
6. *Vie de Plotin*, 6, 29-30 et 33-35.

principe de toute contemplation. Mais si le *Traité 30* trouve son unité propre dans le thème de la contemplation, il doit être replacé dans un ensemble plus vaste.

2. *Le* Traité 30 *dans la « tétralogie antignostique »*

Dans un article de 1936, Richard Harder soutint la thèse qu'entre les quatre traités *30* [III, 8], *31* [V, 8], *32* [V, 5] et *33* [II, 9], que l'ordre systématique de Porphyre avait dispersés sur trois ennéades, existait plus qu'une simple contiguïté chronologique : ils constituaient originellement un unique traité. L'argumentation de Harder repose essentiellement sur des renvois internes (récapitulations ou annonce) qui ne peuvent s'expliquer dans le cadre de la division porphyrienne, mais se justifient fort bien si l'on considère un ensemble intégrant les quatre traités. Ainsi nous trouvons en *32* [V, 5], 4, 1-8 un résumé fidèle à la structure des développements de *30* [III, 8], 9-11. De même les premières lignes du *Traité 31* embrayent sur un résumé de la fin du *Traité 30*. Par ailleurs le *Traité 31* s'achève sur une question, celle de la nécessité d'emprunter une autre voie que celle suivie dans ce traité (l'Intellect comme beauté) : cette autre voie (l'Intellect comme vérité) correspond aux trois premiers chapitres du *Traité 32*.[1] Enfin les premières lignes du *Traité 33* (1, 1-3) sont une reprise de la fin du *Traité 32* (13, 31-35). Pour Harder, l'ensemble serait la transcription d'une conférence prononcée en quatre temps bien marqués par les reprises qui articulent les quatre parties, à peu près d'égale longueur, d'un unique développement. Chaque partie ayant son unité propre, Porphyre pouvait s'autoriser de la cohérence propre à chacune de ces parties pour les présenter comme quatre traités autonomes.

Après quelques décennies, la thèse de Harder s'est finalement imposée et la quasi-unanimité des critiques reconnaît dans ce que Harder appelait « un nouveau traité de Plotin » un « grand traité » ou, plus précisément, une « tétralogie antignostique ». Entre les deux appellations, l'accent s'est déplacé. Harder constatait l'unité d'un traité, sans considérer le projet qui préside à cette unité : il est significatif qu'il

1. Sur les liens qui unissent les trois premiers traités de la tétralogie, voir Anne-Lise Darras-Worms, *Traité 31*, p. 9-15.

ne voyait dans le *Traité 33* qu'un « appendice (*Anhang*) polémique ajouté (*hinzufügen*) ». Dans une communication inédite [1], Pierre Hadot reprend les arguments de Harder en faveur de l'unité, mais en fondant cette unité sur une visée antignostique culminant dans le *Traité 33*, inversant ainsi la perspective : Le traité « contre les gnostiques » n'est pas un simple ajout aux traités *30-32*, mais ces trois traités, en exposant les principes qui fondent l'opposition de Plotin aux gnosticisme, préparent la polémique du *Traité 33* dont le premier chapitre reprend les acquis des trois traités précédents : le Bien au-delà de tout qui s'identifie à l'Un, un seul Intellect qui se pense lui-même comme pensant, à la fois contemplation parfaite, Beauté, Sagesse et Vérité, et, immédiatement après, l'Âme. Il ajoute notamment un argument absent chez Harder, le recours récurrent dans la tétralogie au mythe hésiodique de la triade Ouranos – Kronos – Zeus : Il s'agit de faire pièce aux révélations gnostiques par un antique témoignage de la pure tradition grecque qui révélait déjà en énigme la doctrine des trois, des trois seules hypostases plotiniennes, dont les trois premières hypothèses du *Parménide* et le Roi de toutes les choses, le Second et le Troisième de la *Lettre II* n'étaient que des jalons.

L'unanimité n'est cependant pas totale. Richard Dufour [2], dans un ouvrage publié en 2006, et qui pouvait donc difficilement tenir compte de la communication de Hadot, revient sur ce consensus. Si Dufour tient pour acquise l'unité des traités *31* et *32*, il n'est pas convaincu du lien entre les traités *30* et *31* : la reprise au début du *Traité 31* d'une idée lancée à la fin du *Traité 30* pourrait simplement s'expliquer par la volonté de Plotin de poursuivre son idée dans un nouveau traité et par ailleurs le *Traité 30* aurait bien atteint son objectif propre, à savoir, montrer quelles sont les réalités qui contemplent. Ce dernier type d'argument vaudrait aussi pour conclure à l'autonomie du *Traité 33* : « les traités 31 et 32 se suffisent à eux-mêmes et n'ont pas de raison d'inclure le traité 33 ». Il faut bien reconnaître avec Dufour que le repli stratégique des partisans de la tétralogie, quand ils concèdent

1. « Les *Traités 30-33* constituent-ils un grand écrit dirigé contre les gnostiques ? », communication donnée lors du colloque « Thèmes et problèmes du *Traité 33* », Collège de France, juin 2005.

2. R. Dufour, *Annexe 1*, « Les traités 30-33 : un grand Traité ? », dans Plotin, *Traité 30-37*, L. Brisson, J. F. Pradeau, Paris, 2006, 399-406.

que le *Traité 33* n'est qu'un appendice, risque bien de se transformer en déroute et que toutes les similitudes thématiques qu'on s'est plu à relever dans les traités *30-33* ne sont aucunement des preuves de leur unité en tétralogie : l'unité ne se trouvera que dans une intention.

Mais Dufour, de son côté, ne risque-t-il pas de succomber à la tentation porphyrienne de n'envisager l'unité et l'autonomie d'un traité que dans la seule perspective du traitement thématique d'une question ? Accordons ce type d'unité et d'autonomie au *Traité 30* et à l'ensemble constitué des deux traités *31* et *32*, mais le *Traité 33*, auquel Porphyre n'a pu donner d'autre titre que « Contre les gnostiques » dans l'ordre chronologique, sélectivement glosé dans l'ordre systématique, pour le faire entrer dans la deuxième ennéade traitant du monde, en « Contre ceux qui disent que l'auteur du monde est mauvais et que le monde est mauvais », n'a d'autre unité qu'une intention polémique qui transcende tout traitement thématique. La question de l'unité de la tétralogie revient alors à celle de l'unité d'une seule et même intention antignostique présente dès le *Traité 30* : on rejoint la thèse de Hadot, rappelée plus haut, qui fait du *Traité 33* non plus un appendice mais le point d'orgue virulent de la tétralogie[1].

Dans une communication inédite[2], nous nous sommes attaché à montrer que, dès le premier traité de la tétralogie, sous une forme certes moins virulente qu'au *Traité 33*, la polémique contre les gnostiques était pourtant déjà bel et bien engagée.

3. *La polémique antignostique dans le* **Traité 30**

Avant d'examiner quelques passages précis du texte, nous commencerons par deux remarques générales sur ce qui peut suggérer un tour polémique que semble prendre le *Traité 30*. La première concerne la tonalité que Plotin donne à son exposé dès les premiers

1. Ainsi tombe le reproche majeur, formulé par Dufour, de minimiser l'importance du *Traité 33*. Par ailleurs, l'affirmation de Porphyre selon laquelle Plotin rédigea un traité contre les gnostiques n'implique pas, comme le dit Dufour, qu'il soit un traité à part, au sens où Plotin aurait écrit ces pages dans une autre visée que les précédentes. C'est Porphyre qui en a fait le neuvième traité de la deuxième ennéade.

2. « Une polémique antignostique dans le *Traité 30* ? », communication donnée lors du colloque « Thèmes et problèmes du *Traité 33* », Collège de France, juin 2005.

mots du traité : « Et maintenant, si nous commencions par jouer[1], avant d'essayer d'être sérieux »[2]. Ce « jeu » consiste en l'affirmation paradoxale que même les êtres inanimés contemplent, et Plotin reprend : « mais nous parlons entre nous : il n'y aura donc aucun risque à jouer avec nos propres idées »[3]. Cette manière souriante de conduire la réflexion philosophique sur le mode de l'entretien, sans se prendre trop au sérieux, pourrait être ici une façon de se situer dans la tradition platonicienne, et même socratique, en se démarquant du style des écrits gnostiques, avec leurs révélations dramatiques proférées sur un ton de tragédiens[4]. À une recherche, s'appuyant sur la tradition philosophique, qui vise modestement à décrire les réalités éternelles, les gnostiques substituent leurs propres fictions, en créant des personnages[5] qu'ils mettent en scène[6] dans un drame plein de passions et de péripéties, avec, comme leur cosmos sensible[7], un début, un milieu et une fin.[8] Mais si un chrétien comme Irénée, lui aussi sensible à cette dramaturgie, était plus porté à retrouver dans les enseignements gnostiques de magnifiques arguments de comédie[9], Plotin voyait les gnostiques plus à l'aise dans le registre tragique[10].

1. *Paizontes* : le premier mot du traité.

2. 1, 1-2. Sauf mention contraire, les traductions des auteurs anciens, grecs ou latins, sont les nôtres.

3. 1, 8-10.

4. *Cf.* 33 [II, 9], 13, 6-7.

5. *Cf.* 33 [II, 9], 10, 30-31 « ils engendrent l'être qu'ils appellent le démiurge; ils le représentent s'éloignant de sa mère ».

6. *Cf.* 33 [II, 9], 6, 1-2 : « Que dire des autres hypostases qu'ils mettent en scène, les "exils", les "empreintes", les "repentirs" »; 6, 58 : « mettant en scène toutes sortes de naissances et de corruptions ».

7. *Cf.* 33 [II, 9], 7, 1-2.

8. Plotin ne peut supporter cette manière gnostique d'hypostasier les différents moments du drame du salut, comme si l'ontologie devait s'adapter aux aléas de ce drame. Drame de la sotériologie gnostique, mais plus largement chrétienne et juive.

9. *Cf. Adversus Haereses*, II, 14, 1 : les gnostiques font comme Aristophane parodiant la *Théogonie* d'Hésiode.

10. Même soupçon de complaisance pour le tragique chez les chrétiens de Marc-Aurèle qui, célébrant l'âme préparée à la mort, n'a pas la moindre admiration pour le courage des martyrs : « Mais cet état de préparation, qu'il provienne d'un jugement personnel, non d'une pure obstination, comme chez les chrétiens. Qu'il soit raisonné, grave, sans pose de tragédien. » (*Pensées*, XI, 3).

On est également frappé, à la simple lecture du traité, du nombre de fois où Plotin évoque, à tous les niveaux du monde supérieur jusqu'à celui de la Nature, le silence, le repos, la tranquillité de la contemplation créatrice. On peut se demander s'il ne cherche pas à opposer un logos grec au logos-parole des gnostiques (qui est plus généralement celui des chrétiens et des juifs), trop bavard, trop enflé, pour dire la vérité [1]. Dans cette optique, la prosopopée de la Nature, la silencieuse créatrice des corps, qui proteste d'être contrainte par Plotin de parler, est bien plaisante et tout à fait accordée au ton enjoué qui inaugure l'exposé. [2]

Après ces préliminaires, nous pouvons nous intéresser à quelques singularités, bien circonscrites dans le texte de Plotin. La première se trouve au chapitre 2, dans un passage qui veut distinguer la production de la nature, qui n'utilise ni mains ni pieds ni autres instruments, de toute production humaine :

> En effet les modeleurs de cire [3], qu'ils avaient sans doute en vue quand ils ont cru que c'était de cette manière-là qu'opérait l'activité démiurgique de la nature, ne peuvent produire les couleurs, s'ils ne vont les chercher ailleurs pour les appliquer sur leurs productions [4].

Nous avons dans ce texte l'unique emploi dans toutes les *Ennéades* du mot *keroplastês* de *Timée* 74 c 6 qualifiant le démiurge modeleur qui, après avoir réfléchi, fabrique la chair et les tendons du corps [5]. Plotin, comme on peut le comprendre, n'utilise jamais ailleurs ce terme platonicien. S'il le fait ici, c'est pour disqualifier une interprétation grossièrement littérale de la démiurgie du *Timée* : un démiurge travaillant à la manière d'un céroplasticien sur une matière, cire ou terre glaise. Cette représentation d'un dieu créateur, associant réflexion et

1. *Cf.* 33 [II, 9], 6, 7-8 : les Grecs, eux parlent clairement et sans enflure.

2. Et donc moins étrange, semble-t-il, que ne le pense J. F. Pradeau, *Plotin, Traités 30-37*, Paris 2006, p. 22 : « étrange prosopopée de la nature, à laquelle il prête sa voix pour lui faire dire qu'elle agit en silence. »

3. Chez les Anciens, comme l'illustre d'ailleurs le texte du *Timée* 74 c 6, le terme *keroplastês* s'applique à un artiste qui travaille aussi bien la glaise que la cire.

4. 2, 6-7.

5. « Ayant réfléchi à cela (*dianoêtheis*), notre modeleur (*keroplastês*) a fait un mélange bien proportionné d'eau, de feu et de terre. » En *33* [II, 9], 6, 22-24, Plotin dénoncera la conception gnostique d'un démiurge qui réfléchit comme une mauvaise compréhension du *Timée*.

modelage, correspond très bien au démiurge de la *Genèse*, le démiurge bricoleur, dieu des juifs, que dénigrent les gnostiques valentiniens, mais peut-être aussi bien le dieu plasmateur de leurs adversaires chrétiens comme un Irénée, sans complexes vis-à-vis d'une telle représentation [1], ou un Pseudo-Justin qui pouvait s'autoriser de Platon pour justifier la résurrection des corps, l'artisan modelant à nouveau la même cire ou la même glaise [2]. Même s'il y a eu, chez les Grecs aussi, une interprétation trop artisanale de la démiurgie du *Timée*, [3] il est frappant que Plotin ne la dénonce qu'ici, et l'on peut penser qu'il vise précisément une contamination anthropomorphique du *Timée* par une tradition allogène.

Trois autres passages du *Traité 30* présentent une singularité d'un autre type. Il s'agit de l'utilisation d'une terminologie valentinienne, mais si bien intégrée à l'exposé de la propre pensée de Plotin qu'elle a pu passer inaperçue. Il semblerait en effet qu'on puisse déceler, aux chapitres 4, 6 et 9, un jeu assez subtil avec la pensée gnostique, jeu essentiellement porté par une polyphonie qui à plusieurs endroits fait entendre une voix gnostique. Le terme de « polyphonie » est ici emprunté à la linguistique de l'énonciation, en particulier à Oswald Ducrot [4] : un locuteur fait entendre dans son propre énoncé, ne fût-ce que par un seul mot, la voix d'un autre, notamment à des fins de réfutation ou d'ironie. Ainsi Plotin reprend le mot de l'adversaire, l'intègre ironiquement à une autre logique, le redresse, le retourne, le neutralise, le ridiculise. On aimerait connaître le ton de Plotin à ces moments : on peut l'imaginer souriant, entre humour et ironie. Feint-il d'étayer son propre développement par ces allusions en suggérant une convergence évidemment fausse et mettant par là en garde ses disciples contre les analogies superficielles ? S'expose-t-il plaisamment au risque de contaminer sans danger sa pensée ? Car, bien sûr, la pensée de Plotin n'en est pas le moins du

1. *Cf.* par exemple, *Adversus haereses*, V, 15, 2 – 16, 1 : la main du Christ, qui guérit l'aveugle-né en lui appliquant de la boue sur les yeux, manifeste la main par laquelle l'homme a été modelé à partir de la terre.

2. *Cf.* Pseudo-Giustino, *Sulla Resurrectione*, a cura di A. D'Anna. Prezentazione di E. Norelli, Brescia, 2001, *fragm.* 1 (=107 Holl) 6, 3-4. L'authenticité du *De resurrectione*, toujours discutée, importe peu ici.

3. Et Plotin peut, ici comme ailleurs, viser les gnostiques tout en s'attaquant à des philosophes dont ils ont pu s'inspirer.

4. O. Ducrot, *Les mots du discours*, Paris, 1980 ; *Le dire et le dit*, Paris, 1985.

monde altérée. Se plaît-il à replacer au bon endroit, dans la cohérence de sa propre pensée, à contre-emploi, quelques tesselles[1] de la pensée gnostique pour en manifester l'absurdité ? Tout cela à la fois, sans doute, compte tenu de l'hétérogénéité de ses destinataires, disciples fidèles ou disciples peu ou prou séduits par les gnostiques. Mais ce qui est particulièrement intéressant, c'est que ce jeu de polyphonie opère, nous allons le voir, sur des mots cruciaux, à des points nodaux du développement du *Traité 30* qui pointent nettement les doctrines gnostiques les plus contestées dans la tétralogie. Plotin reprochait aux gnostiques d'avoir adultéré le platonisme en y introduisant des nouveautés[2] et on peut même supposer que les « amis » (*33* [II, 9], 10, 3) gnostiques de l'école avaient également abusé de certaines consonances entre la pensée de Plotin et leurs propres idées. Nous aurions là, en somme, une plaisante réponse du berger à la bergère.

Mais venons-en aux exemples eux-mêmes. Un premier exemple du phénomène que nous avons tenté de décrire apparaît dans un passage de la prosopopée du chapitre 4 où la Nature nous dit qu'elle engendre les corps par la contemplation, de la même façon qu'elle-même a été engendrée par la contemplation :

> Et c'est ce qui en moi contemple qui produit ce que je contemple, de même que c'est en contemplant que les géomètres dessinent. Mais moi, je ne dessine pas, je contemple, et les lignes des corps se réalisent, comme si elles sortaient de moi. Car de ma mère et de ceux qui m'ont engendrée, j'ai la disposition. Eux aussi en effet viennent d'une contemplation et ma naissance s'accomplit sans qu'ils agissent en rien[3].

C'est évidemment l'avant-dernière phrase du passage qui nous retiendra. La Nature parle de sa mère, c'est-à-dire du principe qui l'a engendrée, l'Âme supérieure. Apparemment, l'âme étant de genre féminin, quoi de plus normal que de dire « mère », plutôt que « père ». Mais l'emploi du mot n'est pas si innocent. Si l'on excepte ses emplois

1. Irénée, qui lui aussi soupçonnait les gnostiques d'avoir altéré la vérité, la vérité des Écritures et de la tradition authentique de l'Église, utilisait dans sa polémique la comparaison de la mosaïque : les gnostiques, en déplaçant les tesselles, transformaient le portrait du roi en figures de bête sauvage (*Adversus haereses*, I, 8, 1).

2. Cf. *33* [II, 9], 6 : ils « innovent » (5), « inventent » (11), « font des adjonctions (56).

3. 4, 7-12.

au sens banal d'« individu féminin mère d'un enfant »[1], le mot n'apparaît qu'en *26* [III, 6][2], où il désigne, à la suite de *Timée* 50 d et 51 a, la matière ou la Grande Mère Cybèle, identifiée à la matière, et dans le dernier traité de la tétralogie en *33* [II 9], 10, 31 ; 12, 3 ; 9, où il nomme trois fois explicitement la Mère du mythe valentinien, Sophia, mère du Démiurge gnostique[3]. Si Plotin nomme, uniquement dans notre passage du *Traité 30*, l'âme « mère » de la Nature, c'est bien parce qu'il veut superposer le rapport de filiation qu'entretiennent dans sa pensée l'Âme et la Nature à celui qui dans le mythe gnostique relie Sophia au Démiurge[4].

Dans ce contexte, le mot que nous avons pour l'instant traduit sagement, comme Bréhier, par « disposition »[5] prend quelque relief : *pathos* évoque irrésistiblement « la passion » de Sagesse, à l'origine de la génération du Démiurge et de la création du monde sensible, et nous pouvons traduire : « Car de ma mère (*mêtros*) et de ceux qui m'ont engendrée, j'ai la passion (*pathos*). » L'expression « passion de ma mère » qui, dans la logique plotinienne du texte, ne fait que souligner la continuité du processus de genèse dans une contemplation sereine des

1. Y compris Nécessité, mère des Moires *52* [II, 3], 9, 4, Aphrodite-âme, mère d'Eros *50* [III, 5], 4, 21, Penia-matière, mère d'Eros *50* [III, 5], 9, 48.

2. 19, 1 ; 18 ; 19 ; 20 ; 23.

3. Pour la doctrine valentinienne et le mythe de la chute de Sagesse avec ses variantes, nous renvoyons à E. Thomassen, *The Spiritual Seed*, Leiden, 2006, et, ancien mais toujours précieux pour la tradition hérésiologique, F. Sagnard, *La gnose valentinienne et le témoignage de saint Irénée*, Paris, 1947.

4. En *32* [V, 5], 3, 21-23, quand Plotin utilise, comme antidote à la démiurgie gnostique, la généalogie hésiodique des trois dieux (Ouranos, Kronos, Zeus, figurant l'Un, l'Intellect et l'Âme), on peut soupçonner un jeu du même genre : il affirme que Zeus imite son « grand-père » (*propatôr*) en employant, de façon apparemment innocente, le terme technique "Pro-père" désignant le principe du Plérôme gnostique. Sur l'exégèse plotinienne du mythe hésiodique, voir le commentaire de L. Eiras Coelho Soares, *Plotin, Traité 32* [V, 5], *Sur l'Intellect, que les intelligibles ne sont pas hors de l'Intellect et sur le Bien, Introduction, traduction, commentaire et notes*, thèse de l'E.P.H.E., juin 2009, p. 394-425.

5. Autres exemples de traduction sans malice du passage : « C'est ainsi qu'il m'arrive ce qui arrive à ma mère et à ceux qui m'ont engendrée » (Pradeau), « What happens to me is what happens to my mother » (Armstrong), « Mi accade quello che accade a mia madre » (Casaglia). F. García Bazán (*Plotino y la gnosis*, Buenos-Aires, 1981), tout en percevant fort bien les enjeux dogmatiques du chapitre, parle de « contenido tácito » (p. 45) et traduit « Tengo yo tambien la disposición de mi madre » (p. 40).

diverses réalités supérieures jusqu'au monde sensible, permet à Plotin de manifester son opposition radicale à tout le drame de la création gnostique du monde dont la « passion de la Mère » est une spectaculaire péripétie, « ce dogme-là qui, nul doute, a surpassé tout le reste en extravagance (*atopia*), s'il faut encore parler ici d'extravagance », comme il le dira dans le *Traité 33* [1].

Le deuxième exemple de polyphonie se trouve au chapitre 9, dans le passage où Plotin montre la nécessité de remonter, du fait de la dualité intellect – intelligible, jusqu'à l'Un, père de l'Intellect :

> – Mais à tout intellect se trouve couplé l'intelligible. Si donc l'intelligible ne doit pas lui être couplé, il ne sera pas non plus intellect. Si donc il n'est pas intellect et qu'il laisse ainsi derrière lui les deux, il faut que ce qui est avant les deux soit au-delà de l'intellect.
> – Qu'est-ce qui empêche donc que ce soit l'intelligible lui-même ?
> – Ne faut-il pas dire que l'intelligible lui aussi se trouvait couplé à l'Intellect ? [2]

Pour évoquer le lien entre l'intellect et l'intelligible, Plotin n'emploie dans les *Ennéades* jamais le verbe traduit ici par « coupler » [3] (ni non plus le nom « couple » [4] et l'adjectif « couplé avec » [5]) ailleurs que dans la tétralogie antignostique : trois fois dans notre texte et deux fois en *32* [V, 5], 1, 23-24 [6].

On connaît l'importance dans la noétique plotinienne de cette union qui doit placer strictement sur le même plan l'intellect et l'intelligible et les identifier totalement dans l'acte de pensée de l'Intellect : il ne faut absolument pas subordonner l'intellect à un intelligible transcendant, ni, comme le faisait Numénius, un intellect actif à un intellect au repos. Ce couple indémêlable de l'intellect et de l'intelligible, parfaitement unifié dans l'acte de penser de l'Intellect, est la condition de la vérité de

1. 10, 17-18.
2. 9, 5-13.
3. *Suzeugnumi* ; l'emploi du mot qui se rapprocherait le plus de son emploi ici, pour désigner des réalités se situant au même niveau, se trouve en *38* [VI, 7], 7, 23 : « les sensibles d'ici sont "couplés" à l'homme d'ici, ceux de là-haut à celui de là-haut. »
4. *Suzugia 38* [VI, 7], 20, 6 : "couples" d'opposés (ordre / désordre ; santé / maladie).
5. *Suzugês 34* [VI, 6], 5, 13 : nombre "couplé" avec la multiplicité de la chose.
6. « Si l'on affirme qu'ils sont couplés, en quoi consiste cette façon d'être couplés ? »

l'Intellect[1] et le témoin de la transcendance de l'Un qui est solidairement au-delà de l'intelligible et au-delà de l'Intellect.

Il est pour le moins piquant de voir Plotin, en parfaite orthodoxie plotinienne, utiliser cinq fois, uniquement en contexte antignostique, un terme qui ne peut manquer de faire écho à la syzygie des valentiniens. Leur syzygie permettait de doubler quasi mécaniquement le nombre de leurs éons et Plotin utilise ici le verbe « coupler » justement dans le sens d'une réduction économique du nombre des réalités supérieures. Il s'attaquera explicitement dans le *Traité 33* à cette ridicule prolifération artificielle[2] d'entités intelligibles dans le Plérôme alors que la réalité supérieure se réduit à trois niveaux et à trois seulement :

> En nommant une multitude d'intelligibles, ils croient qu'ils paraîtront avoir découvert l'exacte vérité, tout en faisant ressembler, précisément par cette multitude, la nature intelligible à la nature sensible et inférieure, alors qu'il faut là-haut viser le plus petit nombre possible et être quitte en attribuant tous les êtres à la réalité qui vient après le Premier, puisque que cette réalité est toutes choses, l'Intellect premier et la substance première, et toutes les autres beautés qui viennent après la nature première. Et l'Âme est la réalité de troisième sorte[3].

Le dernier passage qui nous retiendra s'insère dans un développement du chapitre 6 sur la raison discursive humaine, qui, loin de pouvoir prétendre être un modèle de connaissance et d'opération créatrice, est en fait un phénomène marginal de dégradation de la contemplation en contraste avec tous les processus de production naturelle :

> Ou plutôt, lorsque la raison s'est appropriée à l'âme et qu'elle est devenue une disposition intérieure, l'âme, pourtant, profère cette raison et le manie (car ce n'est pas originellement qu'elle le possédait) et elle apprend à le connaître et, dans ce maniement elle devient en quelque sorte différente d'elle et, la pensant discursivement, elle la regarde comme une chose en regarde une autre. Pourtant elle était aussi une raison et, en quelque sorte, un intellect, mais qui voyait quelque chose

1. Ce point sera développé dans les deux premiers chapitres du traité *32* [V, 5].

2. Cf. *33* [II, 9], 1, 23-24 : « Il est ridicule, en distinguant dans les êtres en acte et sans matière puissance et actualité, de les rendre plus nombreux » ; 2, 1-4 : des « inventions superflues (*epinoias perittas*) ».

3. *33* [II, 9], 6, 28-35.

> d'autre. Car l'âme n'a pas la plénitude, mais elle est en manque de ce qui est avant elle ; pourtant elle aussi voit dans la tranquillité ce qu'elle profère. En effet, ce qu'elle a bien proféré, elle ne le profère plus, mais, ce qu'elle profère, c'est du fait de son manque qu'elle le profère pour en faire examen, cherchant ainsi à explorer ce qu'elle possède [1].

On ne peut manquer d'être frappé par l'emploi massif (six fois en huit lignes) du verbe « proférer » (*propherein*) pour évoquer le processus d'extériorisation, de déploiement à distance qu'opère l'âme qui a besoin d'exprimer discursivement (avec ou sans parole) ce qu'elle possède en elle-même, du fait de sa déficience. Cette insistance à employer ce mot en le cantonnant à la psychologie humaine, comme le faisaient les stoïciens en distinguant à l'intérieur de l'âme le *logos prophorikos* et le *logos endiathetos* [2], semble suggérer que plus le mot décrit adéquatement l'âme humaine dans sa fonction discursive, plus il est contestable de l'utiliser analogiquement, et donc anthropomorphiquement, pour décrire un processus de génération divine ou comme un mouvement créateur d'un dieu qui exprime son *logos* intérieur, comme l'avait fait Philon d'Alexandrie [3] et certains chrétiens [4] dans leur théologie du Logos divin, en lien avec la création du monde [5]. En *33* [II, 9], 1, 27-29, Plotin s'attaquera explicitement à l'introduction dans le monde intelligible d'une *prophora*, distinguant d'un intellect en repos et inactif un intellect en mouvement et actif, terme qui pointe cette utilisation analogique par des chrétiens de la distinction des deux *logos*.

« Modeleurs », « passion de la Mère », « coupler », « proférer », voilà donc quatre expressions du *Traité 30* où Plotin, sous un mode assez subtil, vise, comme en passant, sans paraître dévier de l'exposé de sa propre pensée, quatre points névralgiques de la pensée gnostique qu'il attaquera directement dans le *Traité 33* :

- une interprétation grossièrement littérale du Démiurge modeleur et qui réfléchit du *Timée*.

1. 6, 21-29.
2. *Cf.* Porphyre, *De abstinentia*, III, 2, 2 ; *SVF* II, 135.
3. *Cf. Vie de Moïse*, II, 127.
4. *Cf.* Théophile d'Antioche, *Ad Autolycum*, II, 22.
5. Il est intéressant de noter qu'Irénée (*Adversus Haereses*, II, 13, 3-10 ; 28, 4-6) s'attaque à cette conception chez les gnostiques en la dénonçant comme anthropomorphique.

- le drame de Sophia, la Mère du Démiurge gnostique.
- la multiplication arbitraire par syzygie du nombre des entités du Plérôme.
- un anthropomorphisme (et un anthropocentrisme) qui projette dans le monde supérieur producteur du cosmos une raison discursive qui aurait dû être cantonnée à la seule *dianoia* humaine.

Même si ces pointes antignostiques nous sont restées longtemps inaperçues, elles nous apparaissent maintenant avec une sorte d'évidence et il nous semble difficile de ne pas conclure que la polémique qui culminera dans le *Traité 33* est déjà engagée dans le *Traité 30*, conclusion qui ne peut que renforcer la conviction de l'unité de la tétralogie. Du premier au dernier traité de la tétralogie, le ton s'est cependant singulièrement durci, la polémique encore empreinte de bonne humeur dans le *Traité 30* deviendra sévère et rude dans le *Traité 33*. Si comme le pense Harder, la tétralogie est une série de quatre conférences effectivement prononcées, il est tentant de se demander si, dans cette situation rhétorique avec sa temporalité concrète (temps de parole et moments de pause) et sa dynamique illocutoire, Plotin n'a pas provoqué un clivage dans son auditoire, en suscitant soit la connivence des fidèles soit la prise de distance quelque peu piquée des disciples séduits par les idées gnostiques. Ces derniers, que Plotin pouvait encore inclure dans le « nous » au *Traité 30*, ne seront plus que « nos amis » au *Traité 33*, en réalité des adversaires déclarés auxquels on pouvait porter des coups plus directs.

II. Le mouvement du traité

Plotin ouvre son traité par un prologue (1, 1-18) dont le premier mot est une invitation à jouer avec lui sur un paradoxe : procédé de bonne rhétorique pour piquer l'attention de l'auditoire, mais aussi manière de rappeler à qui pourrait l'oublier qu'il se trouve dans une école grecque où la réflexion philosophique garde toujours quelque chose de la liberté et de la tonalité socratiques, bien loin en tous cas du style des écrits gnostiques.

Le paradoxe formulé par Plotin est un jeu sur une citation d'Eudoxe[1], qui affirmait que tous les êtres, même sans raison, aspiraient au plaisir, où à « plaisir » Plotin substitut « contemplation ». Le paradoxe est dans l'extension *a priori* provocante du domaine de la contemplation qui, aussi bien chez Platon que chez Aristote, était essentiellement une activité humaine, à la fois dans son sens de recherche intellectuelle et dans son sens d'activité où culminent les facultés représentative et rationnelle. Et Plotin accentue même le paradoxe en descendant jusqu'au minéral. Corps inanimés, mais structurés, corps animés des végétaux et des animaux irrationnels sont l'œuvre de la nature qui produit par contemplation, image de la contemplation parfaite de l'Intellect, donnant au cosmos ordre, beauté, intelligibilité et vie.

Cette insistance de Plotin sur le rôle de la contemplation dès le niveau infra-rationnel des êtres est significative : elle assure une continuité sans hiatus de la double dynamique de la procession jusqu'à ce degré infime et de la conversion anagogique à partir de ce premier degré qui peut déjà révéler l'intelligible. Une telle conception de la contemplation, que développe longuement la première partie du traité (LES DEGRÉS DE CONTEMPLATION : 1, 18 – 8, 48), est en soi une arme efficace contre les gnostiques[2], comme principe unificateur qui concentre tout, de la genèse du monde sensible à la révélation du principe.

Les gnostiques séparaient le monde supérieur du Plérôme et le monde sensible, œuvre malheureuse d'un Démiurge, rejeton de Sagesse-Achamoth déchue du Plérôme, façonnant, en guise de matière, les exhalaisons nées de la « passion » de sa « Mère ». A cette création dramatique s'accordaient une révélation et une histoire du salut tout aussi dramatiques. La contemplation plotinienne, création et conversion sans drame, sans *deus ex machina*, neutralise les deux tragédies à la fois. L'harmonie du monde sensible et du monde intelligible dispense du détour par la révélation d'un salut qu'il faudrait proférer d'un monde vers l'autre du fait de leur hétérogénéité. Au dernier chapitre du

1. *Cf. Éthique à Nicomaque*, X, 1, 1172 b 9.

2. De façon comparable, face à la dichotomie gnostique, Irénée de Lyon prêche l'unité de l'activité créatrice et salvatrice de l'unique Dieu de la Genèse, père du Sauveur, le Fils incarné. La comparaison s'arrête là : chez Irénée, il s'agit d'une continuité historique qui se déploie dans le temps, non à travers les niveaux ontologiques.

Traité 33 (18, 35-36), Plotin attaquera la prétention des gnostiques à être les seuls capables de contempler.

La première section de cette partie (I. LA NATURE PRODUIT EN CONTEMPLANT : 1, 18 – 4, 31) imposera la vérité du paradoxe du prologue, dans une démarche négative[1] qui disqualifie les conceptions alternatives, moins paradoxales, mais absurdes. Il s'agit d'abord (2, 1-34) de purger le mode de production de la nature de ce qui, dans le modèle de la fabrication artisanale, implique instruments et réflexion. La nature n'a bien sûr besoin d'aucun instrument naturel ou artificiel. Elle n'use pas non plus de procédé mécanique comme le levier : aucun levier ne pourrait produire une telle diversité de couleurs et de formes. C'est dans ce contexte que Plotin insère la seule référence de toutes les *Ennéades* au Démiurge qui réfléchit, modeleur de cire de *Timée* 73 c 6, qui rajoute la couleur (d 4), pour en dénoncer une interprétation grossièrement littérale et anthropomorphique impliquant réflexion, modelage d'une matière par les mains d'un artisan et application de couleur. Interprétation qui s'accorderait trop bien avec le récit de la Genèse où les valentiniens voyait décrite l'activité brouillonne de leur Démiurge.

Le schéma artisanal pourtant, bien interprété, permet de remonter au mode de production de la nature. En effet, l'artisan façonne de ses mains la matière sur le modèle immobile qui se trouve en lui ; *a fortiori*, la nature qui agit sans l'aide de mains, qui ne comporte pas, comme un levier, des parties immobiles et des parties mobiles, doit être toute entière immobile, la mobilité étant cantonnée dans la matière qu'elle informe. Immobile, la nature est une raison (*logos*) qui produit deux autres raisons immobiles, dont l'une, sans vie et incapable de produire elle-même une autre raison, donne la forme visible du corps et l'autre produit la vie dans l'être engendré.

Après avoir établi, en redressant le modèle artisanal, que la production de la nature est l'opération d'une raison immobile, Plotin montre (3, 1-23) que, puisque le logos qui accompagne une action

1. *Cf.* P.-M. Morel, « Comment parler de la nature ? Sur le *Traité 30* de Plotin », *Les Études Philosophique*, 2009 / 3, p. 387-406.

n'est pas lui-même action, la production de la nature n'est pas non plus une action (*praxis*) et ne peut donc être qu'une production (*poiêsis*) affranchie de toutes les contingences de l'action, c'est-à-dire une contemplation. Reste encore à distinguer la contemplation de la nature de la contemplation introspective de l'âme dianoétique humaine, qu'on est toujours tenté de considérer comme le standard de la contemplation. En fait, ces deux types de contemplation s'opposent comme la possession et la recherche : la nature possède ce que la recherche dianoétique ne possède pas encore, et elle produit justement parce qu'elle a en elle-même son objet de contemplation et c'est son être même, sans qu'elle ait à sortir d'elle-même pour faire autre chose, qui produit : pour elle, être et produire, c'est la même chose et, comme on se ne fatigue pas d'être, c'est en repos qu'elle produit.

La prosopopée de la nature (4, 1-31), où Plotin la force plaisamment à parler, affirme que cette production se fait en silence, soulignant ainsi qu'elle se fait sans réflexion ni délibération, à la différence des démiurges laborieux, celui de certaines interprétations du *Timée* qui réfléchit ou celui de la Genèse qui dit ce qu'il va faire. Elle est la simple et immédiate expression d'une réalité engendrée dans la contemplation et qui, à son tour, engendre par une contemplation à l'image de celle des réalités supérieures. Pour dire la sereine continuité entre sa contemplation et celle de l'âme supérieure qui l'a engendrée, la nature emploie une formule qui sonne étrangement : « De ma mère et de ceux qui m'ont engendrée, j'ai la passion » (4, 11). Cette manière d'appeler « passion de ma mère » la contemplation, qui laisse apparaître comme en transparence la « passion de la Mère », c'est-à-dire la « passion » de la Sagesse valentinienne, mère du démiurge du monde sensible, condense vigoureusement tout ce qui oppose la création gnostique à la contemplation de la nature qui produit sans réflexion, sans instrument, sans sortie de soi, sans action, sans parole, sans effort et sans drame.

Plotin achève son développement sur la nature en donnant des caractéristiques de sa contemplation qui la relient et la distinguent à la fois de la contemplation de l'âme supérieure contemplative et de celle de l'âme dianoétique réunies dans la psychologie humaine qui fera essentiellement l'objet de la section suivante : elle est silencieuse, stable (elle ne se dirige ni vers le haut ni vers le bas), elle est une forme affaiblie et obscurcie de contemplation qui voit comme en rêve la forme sensible qu'elle a produite en elle.

Après avoir jusque-là si fortement opposé production naturelle et action humaine, Plotin commence la deuxième section (II. LA COMTEMPLATION DE L'ÂME : 4, 31 – 6, 40) en soulignant leur homogénéité : l'action humaine est elle aussi une forme dégradée de contemplation. Quand les hommes, du fait de la faiblesse de leur âme, ne peuvent plus voir distinctement l'objet intelligible de la contemplation, c'est le désir de cet objet qui les pousse à agir, pour s'approprier par les yeux ce qu'ils ne peuvent voir par l'intellect.

Mais, si la contemplation affaiblie de la nature est stable en son niveau, celle de l'homme est caractérisée par une oscillation dynamique entre un degré supérieur qui confine au noétique et un degré dianoétique de production, d'action et de raisonnement, trois modes de contemplation affaiblie où l'âme cherche à connaître et posséder en elle son objet de contemplation, à la fois détour et retour vers la contemplation parfaite. Du côté supérieur, la contemplation de l'âme est plus silencieuse que celle de la nature, parce qu'elle possède plus intensément son objet et n'a pas à l'extérioriser, et plus contemplative, parce qu'elle ne se borne pas à voir les seules raisons du monde sensible. De l'autre côté, insatisfaite, elle ne jouit pas du repos de la nature.

Plotin termine son développement sur l'âme en opposant la possession silencieuse par l'âme contemplative d'une raison silencieuse, parce qu'intérieure à elle, à la recherche de l'âme discursive qui extériorise et manipule cette raison pour mieux l'examiner. Pour décrire cette extériorisation, Plotin utilise six fois en huit lignes le terme de « profération » (*prophora*, *propherein*), suggérant que, si le mot est parfaitement adéquat pour décrire le mode de contemplation dégradée d'une âme humaine réduite à la discursivité, il n'en est que plus disqualifié pour décrire, anthropomorphiquement, comme dans certaines théologies judéo-chrétiennes du Logos-Parole, un processus de génération divine ou de création du monde.

Avant de remonter à l'Intellect, archétype de toute contemplation, Plotin récapitule et systématise les thèses développées depuis le début du traité (III. RÉCAPITULATION ET PREUVES SUPPLÉMENTAIRES : 7, 1-27) :

la contemplation est principe et fin pour toute chose; tout vient de la contemplation; tout est objet de contemplation, soit pour la sensation, soit pour les modes supérieurs de connaissance; toute action vise la connaissance; toute génération ou production part d'une contemplation pour réaliser un objet de contemplation; c'est un objet de contemplation que vise le raisonnement ou la sensation, que se donne la nature; la génération animale est aussi désir d'enfanter une variété d'objets de contemplation.

Avec l'Intellect (IV. LA CONTEMPLATION PARFAITE DE L'INTELLECT : 8, 1-48), la contemplation atteint son degré supérieur. La montée vers l'Intellect est d'abord une montée vers l'unité : l'échelle des rapports entre sujet et objet de contemplation converge vers l'unité des deux, non plus l'unité d'une rencontre, mais l'unité d'une essence où acte de penser et acte d'être sont une seule chose (8, 1-10). C'est parce que l'Intellect est vie, le vivant en soi[1], qu'être et penser n'y font qu'un, que l'objet de cette contemplation n'est pas un être inerte, mais aussi pleinement vivant et pensant que le sujet de cette contemplation (8, 10-30). C'est à partir de ce niveau supérieur où ils sont la même réalité qu'être, vie et pensée se dégradent corrélativement : par continuité, au sens où l'extrémité de la ligne est encore ligne ou le centre du cercle est encore cercle, la raison morte de la forme visible d'un corps n'est que la raison la moins vivante, la raison de la vie sensitive une pensée obscure, la raison de la vie végétative une pensée plus obscure encore, la raison morte une pensée totalement obscurcie. Ainsi, dans l'archétype de la contemplation se trouve justifié que tout est contemplation.

Mais cette unité de l'être et de la pensée dans la vie de l'Intellect est aussi multiplicité (8, 30-40). L'Intellect est non seulement un-multiple mais un-tout (8, 40-48). parce qu'il s'origine dans une visée pré-noétique de l'Un, comme une contemplation éblouie qui ne peut voir l'Un comme un et, pour le voir, le déploie en cet objet de contemplation multiple que constitue pour lui-même l'Intellect. Sa multiplicité n'est donc pas un entassement de parties discrètes, extérieures les unes aux autres : l'unité originelle continue à dominer de l'intérieur le multiple

1. Pour l'identité de la vie avec l'être et la pensée, *cf. Sophiste*, 248 e; *Timée*, 39 e; *Métaphysique*, 1072 b 27.

dans l'uni-totalité de l'Intellect où, un peu comme dans un objet fractal, le tout persiste à toute échelle dans ses parties. L'Intellect est infini parce que sa multiplicité est non pas infiniment étendue, mais infiniment condensée.

La première partie s'achève sur la contemplation parfaite de l'Intellect dans l'uni-totalité qui unit infiniment la dualité de la pensée et de son objet. La deuxième partie du traité (L'UN-BIEN AU-DELÀ DE LA CONTEMPLATION : 9, 1 – 11, 45) montrera que ce dernier degré de contemplation doit être dépassé. Plotin dit explicitement que cet « au-delà » de la contemplation motivait ses développements de la première partie. Sans doute, le mot de contemplation ne sera plus prononcé dans cette fin du traité, mais, si, vers le bas, elle s'arrêtait, vers le haut, elle s'élance. Il y a encore quelque chose à voir au-delà de l'Intellect. Le discours de Plotin en affirme la nécessité et en prépare l'expérimentation.

La première section de la deuxième partie (I. L'UN AU-DELÀ DE L'INTELLECT : 9, 1 – 10, 35) est consacrée à démonstration de la nécessité d'un principe transcendant l'Intellect. L'uni-multiplicité et uni-totalité de l'Intellect, la dualité de l'intellect et de l'intelligible postule une unité supérieure (9, 1-6).

Cette unité ne pourrait-elle pas être soit l'Intellect seul, soit l'intelligible seul ? Plotin exclut ces deux hypothèses : Intellect et intelligible sont nécessairement « couplés » (9, 6-13). Le verbe (*suzugein*) que Plotin emploie ici trois fois en quelques lignes, deux fois dans le dernier traité de la tétralogie [1] et jamais ailleurs dans les *Ennéades*, ne manque pas de saveur : pour défendre la thèse, si chère à Plotin, de l'unité de l'Intellect et de l'intelligible, est utilisé à rebours, dans le sens d'une réduction du nombre des réalités supérieures, un mot qui renvoie à la syzygie des valentiniens, à l'origine d'une ridicule prolifération d'entités dans leur Plérôme.

Mais comment alors saisir cet au-delà de l'intelligible inaccessible à tout intellect ? (9, 13-22). Plotin répond que l'Un, impossible à voir pour un intellect est pourtant présent à tout et éminemment présent à la face pré-noétique de l'Intellect (9, 22-32).

1. *32* [V, 5], 1, 23-24.

Puisqu'en même temps qu'il est double, l'Intellect est aussi vie première, parcours distinguant toutes choses, il doit provenir d'un principe qui est avant la vie, avant le parcours et avant toutes choses. L'Un n'est donc pas tout, mais « puissance du tout (*dunamis pantôn*) », comme la source des fleuves et la racine de l'arbre, principe du tout et de la vie, antérieur à la multiplicité, qui « demeure » en lui-même, sans se diviser dans le tout (9, 32-54).

La première section de la deuxième partie s'achève sur une anagogie (10, 20-28) : si à tous les niveaux de la réalité sensible, il y a pour chaque être un principe « un » antérieur qui en fait tout le prix, comment, pour la réalité intelligible, faire comme si ce principe n'était rien ? S'il est « rien », c'est un « rien » par excellence, que les négations apophatiques posent sans cesse au-delà (10, 28-31). Les dernières lignes (10, 31-37) annoncent une approche plus positive de l'Un que suivra la deuxième section : voir dans l'Intellect la grandeur de l'Un, rien du tout, mais aussi le Bien du tout.

La dernière section du traité (II. LE BIEN PÈRE DE L'INTELLECT : 11, 1-45) s'attache à exprimer une relation de ressemblance de l'Intellect avec celui qui est « au-delà », non plus considéré seulement comme l'Un, son principe, mais comme le Bien, sa fin qui l'achève et le comble, sans rien perdre de sa transcendance.

Plotin part de l'analogie avec la vision sensible (11, 1-8) conçue, à la suite d'Aristote, comme puissance de voir actuée, matière informée par l'objet sensible qui lui donne plénitude et achèvement. Ici la faculté de voir de l'Intellect est « remplie par le Bien ».

Chez Aristote le processus consistait en une actuation réciproque de la faculté et de l'objet sensible. Plotin rompt la symétrie : l'Intellect a besoin du Bien, le Bien n'a pas besoin de l'Intellect (11, 8-16).

Puissance de voir qui a besoin de voir, devenu acte de voir quand il est comblé par le Bien, l'Intellect devient « de la forme du Bien ». La formule de *République* 509 a 3 permet d'affirmer explicitement la ressemblance : le Bien a donné à l'Intellect une trace de lui-même à partir de laquelle nous pouvons nous représenter l'archétype. La ressemblance, fruit d'un désir sans cesse comblé, n'est pas réciproque : le Bien comble, sans désirer ni posséder rien (11, 16, 26).

Le dernier moment du traité (11, 26-45) célèbre avec les mots du *Phèdre* la beauté de l'Intellect à laquelle sera consacré le *Traité 31*. La contemplation stupéfiante de cette beauté nous pousse à rechercher le père qui l'a engendré comme splendide plénitude. C'est ce père et cet enfant que révélait en énigme l'antique mythe hésiodique, plus vénérable et véridique que toutes les révélations fraichement élucubrées par les gnostiques, auquel Plotin fera encore appel dans les deux traités suivants : Ouranos engendrait Kronos, nom dans lequel une étymologie traditionnelle reconnaît *koros*, signifiant à la fois « satiété » et « garçon » et *nos*, l'Intellect.

PLOTIN

SUR LA NATURE, LA CONTEMPLATION ET L'UN

ABRÉVIATIONS ET SIGLES UTILISÉS DANS LES NOTES CRITIQUES DE LA TRADUCTION

1. Manuscrits

Famille w

A Laurentianus 87, 3
E Parisinus Graecus 1976

Famille B

B Laurentianus 85, 15

Famille x

R Vaticanus Reginensis Graecus 97
J Parisinus Graecus 2082

Famille U

U Vaticanus Urbinas Graecus 62

Famille C

C Monacensis Graecus 449

Famille z

Q Marcianus Graecus 242
L Ambrosianus Graecus 667

2. Éditions, traductions, études critiques du *Traité 30*

Armstrong A. H. — *Plotinus*, vol. III, Londres-Cambridge (Mass.), Loeb Classical Library, 1980.

BRÉHIER E.	*Plotin Ennéades*, t. III, Paris, Les Belles Lettres, 1963[3].
CASAGLIA M., GUIDELLI C., LINGUITTI A., MORIANI F.,	*Enneadi di Plotino*, vol 1, Torino, UTET, 1997.
CILENTO V.	*Paideia antignostica* [*Ennéades* III, 8, V, 8, V, 5, II, 9. Introduction et commentaire], Florence, Le Monnier, 1971.
CREUZER F.	*Plotini Enneades*, cum Marsilii Ficini interpretatione castigata, Paris, Didot, 1855
FICIN M. (Ficinus)	*Plotini Opera*, Latina Interpretatio, Florence, 1492.
H.-S. [1]	P. Henry et H.-R. Schwyzer, *Plotini opera*, t. I, Paris-Bruxelles, Museum Lessianum, Series Philosophica XXXIV, 1951.
H.-S. [2]	P. Henry et H.-R. Schwyzer, *Plotini opera*, t. I, Oxford, Clarendon Press, 1964.
H.-S. [3]	P. Henry et H.-R. Schwyzer, Addenda et corrigenda ad textum et apparatum lectionum (H-S [2], t. III, 1982, p. 324)
H.-S.	H.-S. [1] et H.-S. [2]
IGAL J.	*Enéadas*, III-IV, Madrid, Gredos, 1985.
KIRCHHOFF A.	*Plotini Opera*, t. I, Leipzig, Teubner, 1856.
ROLLOF D.	*Plotin. Die Großschrift III, 8 – V, 8 – V, 5 – II, 9*, Berlin, De Gruyter, 1970.
THEILER W.	Harder R., Beutler R., Theiler W., t. IIIb, Hambourg, Meiner, 1964.

3. VOCABULAIRE

POLLET	J. H. Sleeman, G. Pollet, *Lexicon Plotinianum*, Leyde (Brill)-Louvain (University Press), 1980.
L.S.J.	H. G. Liddell, R. Scott, H. S. Jones, R. Mc Kenzie, E. A. Barber, *A Greek English Lexicon*, Oxford, 1968.

4. PROBLÈMES GRAMMATICAUX

DENNISTON J. D.	*THE GREEK PARTICLES*, OXFORD, 1954
HUMBERT J.	*Syntaxe grecque*, Paris, 1960[3].

SCHWYZER H.R. — art. « Plotinos », *Paulys Realencyclopädie*, t. XXI, 1951, col. 471-592 (et *Supplementband* 15, 1978, col. 311-327).

5. Note sur la traduction

La traduction s'appuie sur le texte grec établi par H.-S. [2]. Mais le lecteur pourra utiliser aussi H.-S. [1]. En effet, quand la traduction suppose un texte différent aussi bien de H.-S. [2] que de H.-S. [1], nous l'avons signalé dans la liste des Modifications au texte grec de H.-S. [1] et de H.-S. [2] et dans les notes de la Traduction.

Les *crochets obliques* <> indiquent une addition d'un mot ou de lettres, que nous adoptons, qu'elle ait été proposée par H.-S. ou par un autre éditeur ou par nous-même. Les nouvelles conjectures ou graphies que nous proposons sont signalées en note. Nous n'avons signalé en note les additions ou conjectures de H.-S. que lorsqu'elles donnaient matière à discussion.

Les *parenthèses* correspondent à ce qui, pour le sens, est une parenthèse dans le texte de Plotin. Nous avons signalé en note, autant que possible, les nouvelles ponctuations que suppose parfois notre traduction.

Les *tirets* ont le même sens, lorsqu'ils sont placés à l'intérieur d'une phrase ; ils marquent une plus forte séparation que la parenthèse. Placés en début de phrase, ils soulignent les articulations (demandes et réponses) d'une argumentation dialectique.

Les *guillemets* « » marquent que le mot ou l'expression employé par Plotin est explicitement présenté par lui comme une formule empruntée à Platon ou à un usage particulier.

Les italiques indiquent une citation littérale d'une phrase ou d'une expression, la plupart du temps platoniciennes.

PLAN DU TRAITÉ

PROLOGUE : JEU, CONTEMPLATION ET ACTION (1, 1-18)

PREMIÈRE PARTIE : LES DEGRÉS DE CONTEMPLATION (1, 18 – 8, 48)

PREMIÈRE SECTION : LA NATURE PRODUIT EN CONTEMPLANT (1, 18 – 4, 31)

1. Problème : comment la nature peut-elle contempler si elle est privée de représentation et de raisonnement ? (1, 18-24)
2. La nature n'utilise pas d'instruments pour produire (2, 1-9)
3. Les arts ont besoin d'un principe immobile, à plus forte raison la nature (2, 9-19)
4. La nature est raison parce qu'elle est immobile (2, 19-34)
5. La raison est contemplation, dans la mesure où elle n'est pas action (3, 1-6)
6. La place de la raison de la nature dans la hiérarchie des raisons (3, 7-10)
7. La raison de la nature est-elle vraiment elle-même contemplation ? (3, 10-23)
8. Prosopopée de la nature (4, 1-14)
9. Explication de la prosopopée : la nature voit confusément en elle-même l'objet de sa contemplation affaiblie (4, 15-31)

DEUXIÈME SECTION : LA CONTEMPLATION DE L'ÂME (4, 31 – 7, 27)

1. Production et action ne sont qu'un affaiblissement ou un accompagnement de la contemplation (4, 31-47)
2. L'âme, elle aussi, produit des objets de contemplation (5, 1-9)
3. Âme purement contemplative et âme discursive (5, 9-16)
4. La contemplation affaiblie de l'âme discursive (5, 17-25)

5. La continuité et la dégradation de la contemplation d'un bout à l'autre de la réalité psychique (5, 25-37)
6. La contemplation de l'âme est atteinte par le détour de l'action (6, 1-9)
7. La contemplation de l'âme contemplative se fait dans le silence de l'unité (6, 9-21)
8. L'oscillation de l'âme entre la production du discours et le silence de la contemplation (6, 21-40)

TROISIÈME SECTION : RÉCAPITULATION ET PREUVES SUPPLÉMENTAIRES (7, 1-27)

1. Récapitulation des thèses proposées depuis le début du traité (7, 1-18)
2. Preuves supplémentaires (7, 18-27)

QUATRIÈME SECTION : LA CONTEMPLATION PARFAITE DE L'INTELLECT (8, 1 - 48)

1. L'Intellect comme unité de l'acte de penser et de l'acte d'être, au sommet de la hiérarchie des contemplations (8, 1-10)
2. L'Intellect, contemplation vivante (8, 11-30)
3. L'Intellect, comme un-multiple (8, 30-40)
4. L'Intellect, comme un-tout (8, 40-48)

DEUXIÈME PARTIE : L'UN-BIEN AU-DELÀ DE LA CONTEMPLATION (9, 1 – 11, 45)

PREMIÈRE SECTION : L'UN AU-DELÀ DE L'INTELLECT (9, 1 - 10, 35)

1. Position de la thèse générale : l'un-multiple suppose un Un antérieur (9, 1-6)
2. Le couple intellect et intelligible et ce qui est au-delà des deux (9, 6-13)
3. Comment se représenter cet au-delà de l'Intellect ? (9, 13-22)
4. Réponse : nous le saisissons par ce qui en nous n'est pas Intellect (9, 22-32)
5. L'Intellect, étant « parcours » et multiplicité variée, ne peut être le principe (9, 32-54)
6. Le principe, « puissance du tout », comparé à la source des fleuves ou à la racine de l'arbre (10, 1-19)
7. La remontée vers l'Un-principe (10, 20-28)

8. Le sens du mot « rien » employé à propos de l'Un (10, 28-31)
9. Intuition de l'Un et vision de ce qui est après lui (10, 31-35)

DEUXIÈME SECTION : LE BIEN PÈRE DE L'INTELLECT (11, 1 – 45)

1. Le Bien donne forme et actuation à l'Intellect (11, 1-8)
2. L'Intellect a besoin du Bien, le Bien n'a pas besoin de l'Intellect (11, 8-16)
3. De la ressemblance avec le Bien au Bien lui-même (11, 16-26)
4. De l'Intellect au Père de l'Intellect (11, 26-45)

MODIFICATIONS AU TEXTE GREC DE H-S[2]

H.-S. 2	notre texte
[1] **1**, 16 ἐπιπλέον τὴν	ἐπιπλέον, τὴν (HS 3)
[2] **4**, 5 σιώπησις	σιωπώσης (HS 3, Coleridge)
[3] **4**, 24 τὴν τοῦ ὕπνου *Enn*	τὴν καθύπνου (HS 3)
[4] **4**, 43 τί	τίς (HS 3)
[5] **5**, 9-10 θεωρήματα τὸ πρῶτον τὸ λογιστικόν.	θεωρήματα. τὸ πρῶτον [τὸ λογιστικὸν] (HS 3, Kirchhoff)
[6] **5**, 12 μεταλαμβάνον· πρόεισι	μεταλαμβάνον <πρόεισι>·πρόεισι (HS 3, Theiler)
[7] **5**, 13 ἐνεργείᾳ	ἐνέργεια (HS 3)
[8] **5**, 14-15 πρότερον, τὸ ἑαυτῆς πρόσθεν μέρος	πρότερον [τὸ ἑαυτῆς πρόσθεν] μέρος (HS 3, Dodds)
[9] **5**, 16 τὸ πρόσθεν	τὸ <ἑαυτῆς> πρόσθεν (HS 3)
[10] **6**, 27 γὰρ οὐ	γὰρ εὖ (HS 3, Theiler)
[11] **8**, 12 ζῶν τι ἐκεῖνο	ζῶν δι' ἐκεῖνο (HS 3, Dodds)
[12] **9**, 24 αὐτοῦ. τῷ	αὐτοῦ. τὸ (HS 3, *Enn*)
[13] **9**, 25 παραστήσας	παρὸν στήσας (HS 3, Theiler)
[14] **11**, 24 ἐκεῖ	ἐκεῖ<νος> (HS 3, Theiler)

PROLOGUE

JEU, CONTEMPLATION ET ACTION

1. Et maintenant, si nous commencions par jouer, avant d'essayer d'être sérieux, en disant que toutes choses désirent la contemplation et visent à cette fin, non seulement les animaux raisonnables, mais aussi les animaux privés de raison [1], et le principe de croissance [2] dans les végétaux et la terre qui les engendre, |et que toutes choses atteignent cette fin autant qu'il leur est possible selon leur nature, mais que les différents êtres contemplent et atteignent cette fin différemment, les uns réellement et véritablement, les autres n'en recevant qu'une imitation et une image, pourrait-on supporter le paradoxe d'un tel discours ? Mais nous parlons entre nous : il n'y aura donc aucun risque à jouer avec nos propres idées.

– |Est-ce que, nous aussi, donc, nous qui jouons en ce moment, nous contemplons ?

– Oui, nous, et tous ceux qui jouent, c'est ce que nous faisons, ou, en tout cas, c'est par désir de contempler que nous jouons. Finalement, que ce soit un enfant ou un homme, qui joue ou qui soit sérieux, il y a bien des chances que ce soit en vue de la contemplation que l'un joue et que l'autre est sérieux, et que |toute action fasse un effort sérieux vers la contemplation, aussi bien l'action nécessaire, qui le fait plus [3], parce

1. *Cf.* Aristote, *Ethique à Nicomaque*, X, 2, 1172 b 9-10, citant Eudoxe de Cnide.

2. φύσις, que nous traduirons dans la suite par « nature », a ici le sens restreint de principe de croissance des végétaux (φυτά).

3. Nous suivons la ponctuation de HS[3] (ἐπιπλέον, τὴν) : l'adverbe ἐπιπλέον (« plus ») porte non sur le participe ἕλκουσα, mais sur τὴν σπουδὴν ἔχειν (« fasse un effort sérieux »).

qu'elle tire la contemplation vers les choses extérieures, que l'action dite volontaire qui le fait moins, mais qui, pourtant, elle aussi, est produite par le désir de la contemplation. Mais nous reviendrons là-dessus plus tard.[1]

1. La question de l'action humaine dans sa relation à la contemplation sera traitée dans la section consacrée à l'âme (**4**, 31 – **6**, 40).

Première partie

LES DEGRÉS DE CONTEMPLATION

I.
La nature produit en contemplant

1. *Problème : comment la nature peut-elle contempler si elle est privée de représentation et de raisonnement ?*

Pour le moment, parlons de la terre elle-même, des arbres, et en général des plantes : | quelle est leur contemplation ? Comment ferons-nous remonter les produits et les fruits de la terre à l'activité de la contemplation ? et comment la nature, que l'on[1] dit être privée de représentation et de raisonnement, possède-t-elle en elle la contemplation et produit-elle ce qu'elle produit par une contemplation qu'elle ne possède pas ?

2. *La nature n'utilise pas d'instruments pour produire*

2. Qu'il n'y ait ici ni mains ni pieds ni quelque instrument artificiel ou naturel, mais qu'il faille une matière sur laquelle elle va travailler[2] et qu'elle fait être en une forme, cela est, je suppose, tout à fait évident. Il faut aussi écarter tout usage de leviers dans la production de la nature. | En effet quel genre de poussée, quel jeu de levier pourrait produire des couleurs bigarrées et aussi des figures de toute sorte ? Car même les

1. Il s'agit des stoïciens.

2. Nous n'adoptons pas les modifications de HS[3] ([ἐφ' ἧς ποιήσει] καθ' ἣν ἐν εἴδει ποιεῖ) et conservons le texte de HS[2] (ἐφ' ἧς ποιήσει καὶ ἣν ἐν εἴδει ποιεῖ).

modeleurs de cire[1], que d'aucuns avaient sans doute en vue quand ils ont cru que c'était de cette manière-là qu'opérait l'activité démiurgique de la nature, ne peuvent produire de couleurs, s'ils ne vont chercher ailleurs ces couleurs pour les appliquer sur leurs productions.

3. *Les arts ont besoin d'un principe immobile, à plus forte raison la nature*

Mais | ils auraient bien dû comprendre que, même pour ceux qui pratiquent des arts de ce genre, il est indispensable qu'il y ait en eux quelque chose qui demeure immobile sur le modèle duquel, à l'aide de leurs mains, ils produiront leurs ouvrages et aurait dû remonter aussi d'eux-mêmes à quelque chose d'analogue dans la nature et comprendre que, là aussi, la puissance qui produit sans l'aide de mains doit | demeurer immobile et toute entière immobile. Car elle n'a certes pas besoin d'avoir des parties immobiles et d'autres en mouvement : c'est la matière qui est en mouvement, tandis qu'il n'y a rien d'elle[2] qui soit en mouvement; ou alors cela[3] ne sera pas ce qui meut d'une manière première, et la nature ne sera pas non plus cette partie, mais ce qui est immobile dans cet ensemble.

4. *La nature est raison parce qu'elle est immobile*

– Certes, dira-t-on, la raison est immobile, mais la nature | est différente de la raison et elle est en mouvement.

– Mais si l'on dit que la nature est toute entière en mouvement, la raison le sera elle aussi. Mais si l'on admet qu'il y a quelque chose d'elle qui est immobile, ce sera là précisément[4] la raison.

1. κηροπλάστης « modeleur de cire » désigne le dieu qui façonne le corps humain en *Timée* 74 c 6. Avec HS^{3}, nous considérons que ἢ κοροπλάθαι est probablement une glose interpolée. Les κοροπλάθαι (« fabricants de figurines ») de *Théétète* 147 b 1 illustrent le travail de la glaise (πηλός). En fait, ce sont les mêmes artisans qui travaillent aussi bien avec les deux matières. *Cf.* Pseudo-Justin, *De Resurrectione*, 6, 9 : selon Platon, Dieu joue le rôle de modeleur, la matière le rôle de glaise ou de cire.

2. La nature.

3. La partie de la nature qui serait en mouvement.

4. καί.

– C'est qu'il faut que la nature soit forme et non pas un composé de matière et de forme. Qu'a-t-elle besoin d'une matière chaude ou froide ? En effet, c'est la matière qui sert de substrat et est façonnée qui vient en apportant cette qualité | ou bien si elle n'a pas de qualité, elle devient qualifiée, une fois qu'elle a été informée par la raison [1]. Car ce n'est pas du feu qui doit venir s'ajouter pour que la matière devienne feu, mais une raison.

Et ceci est une indication non négligeable que, dans les animaux et les végétaux, ce sont les raisons qui sont productrices et que la nature est une raison qui produit une autre raison, son rejeton, | qui donne quelque chose au substrat, tout en demeurant elle-même immobile. Donc cette raison qui correspond à la forme visible du corps est la dernière raison, désormais sans vie, qui ne peut plus en produire une autre, tandis que la raison qui possède la vie, celle qui est la sœur de ce qui produit la forme visible du corps, produit dans ce qui est engendré cette même puissance de vie qu'elle possède elle-même.

5. *La raison est contemplation, dans la mesure où elle n'est pas action*

3. – Comment donc, si elle [2] est productrice et productrice de cette manière, peut-elle avoir rapport avec une quelconque contemplation ?

– Ne pourrait-on pas dire plutôt, si elle produit en demeurant immobile et en demeurant immobile en elle-même et si en même temps elle est raison, qu'elle est elle-même contemplation ?

Car l'action pourrait bien se réaliser selon une raison, puisqu'évidemment elle est différente de la raison, | mais la raison elle-même, même celle qui accompagne l'action et y préside, ne saurait être action. Si donc elle n'est pas action, mais raison, elle est contemplation.

1. littéralement « raisonnée » (λογωθεῖσα).
2. La raison qui possède la vie.

6. *La place de la raison de la nature dans la hiérarchie des raisons*

Et si l'on considère l'ensemble des raisons, la dernière provient d'une contemplation et est contemplation dans le sens de « contemplée », mais toutes les raisons qui la précèdent proviennent d'une contemplation et sont contemplation chacun selon un mode différent : l'une est contemplation non pas en tant que nature, mais en tant qu'âme, l'autre est dans la nature et elle est | la nature.

7. *La raison de la nature est-elle vraiment elle-même contemplation ?*

– Est-il donc possible qu'elle[1] vienne, elle aussi, d'une contemplation ?

– Parfaitement, d'une contemplation.

– Mais l'est-elle elle aussi parce qu'elle s'est contemplée elle-même ? ou comment alors ? Car certes, elle est le résultat d'une contemplation et de quelque chose qui a contemplé. Mais comment la nature possède-t-elle la contemplation ?

– Elle ne possède bien sûr pas la contemplation qui résulte d'un raisonnement[2]; j'appelle « contemplation qui résulte d'un raisonnement », le fait de se livrer à une recherche sur ce qui est en elle.

– Pourquoi donc, | puisqu'elle est une vie, une raison, une puissance productrice ?

– N'est-ce pas plutôt que « rechercher », c'est ne pas avoir encore ? Mais la nature possède, et c'est justement parce qu'elle possède qu'elle produit. Pour elle, être ce qu'elle est, c'est produire et aussi loin que s'étende son être, tout cela c'est « ce qui produit ». Mais elle est contemplation et objet de contemplation, car elle est raison. Donc c'est par le fait qu'elle est contemplation, objet de contemplation et raison, précisément par cela, qu'elle produit dans la mesure même où elle est ces choses. | Ainsi donc, la production s'est révélée à nous comme une contemplation. Car elle est le résultat d'une contemplation qui demeure

1. La raison qui est nature.

2. λόγος au sens de raison discursive, caractéristique de l'âme humaine qui cherche à connaître ce qui est en elle (*cf.* 6, 20-40).

contemplation, sans rien faire d'autre, mais qui produit par le fait même qu'elle est contemplation.

8. *Prosopopée de la nature*

4. Et si quelqu'un lui demandait pourquoi elle produit, à condition qu'elle veuille bien entendre celui qui la questionne et lui parler, elle dirait : « Il ne fallait pas me poser la question, mais plutôt comprendre soi-même en silence, comme moi qui garde le silence et n'ai pas l'habitude de parler. Comprendre quoi ? | Que ce qui s'est produit, c'est le spectacle que je me donne à moi, la silencieuse[1], et que c'est un objet de contemplation qui se produit naturellement, et qu'à moi qui ai été produite par la contemplation, celle d'ici, il me revient d'avoir une nature amoureuse de contemplation. Et c'est ce qui en moi contemple qui produit un objet de contemplation, de même que les géomètres dessinent en contemplant[2]. Mais moi, je ne dessine pas, je contemple seulement, et | les lignes des corps se réalisent, comme si elles étaient projetées[3]. Car, de ma mère et de ceux qui m'ont engendrée, j'ai la « passion »[4]. Eux aussi en effet viennent d'une contemplation et ma naissance se fait sans qu'ils aient agi en rien, mais c'est parce qu'ils sont des raisons supérieures et se contemplent eux-mêmes, que moi, j'ai été engendrée. »

9. *Explication de la prosopopée : la nature voit confusément en elle-même l'objet de sa contemplation affaiblie*

Que veut dire cela ? Que ce que l'on appelle nature, qui est une âme, rejeton d'une âme antérieure vivant d'une vie plus puissante, qui, tranquille en elle-même, possède une contemplation dirigée ni vers le haut, ni, non plus, à l'inverse, vers le bas, mais qui repose en ce qu'elle est, dans un repos et, pour ainsi dire, une perception de soi qui lui sont propres, c'est précisément par cette conscience de soi et

1. Nous adoptons la correction σιωπώσης de Coleridge (HS^3).

2. *Cf.* les géomètres théoriciens de *République*, 510 d-e, opposés à ceux qui ne s'intéressent qu'aux applications pratiques (527 a-b).

3. Le verbe ἐκπίπτω est employé ici dans son acception géométrique.

4. Même si l'intercalation d'un verbe dans un groupe nominal complément n'est pas si rare en grec, nous avons ici l'équivalent d'une hyperbate qui met en relief le mot πάθος.

| cette perception de soi[1] qu'elle voit ce qui est après elle, autant que cela lui est possible, et elle ne cherche rien de plus, du moment qu'elle a réalisé un objet de contemplation splendide et gracieux. Et si l'on veut lui donner une sorte de conscience ou perception, cela ne sera pas celle dont nous parlons à propos des autres êtres, mais ce serait comme si l'on comparait celle d'un homme endormi[2] à celle | d'un homme éveillé. Car en contemplant l'objet de sa contemplation, elle se repose, et celui-ci lui est venu parce qu'elle demeure immobile en elle-même et avec elle-même, et qu'elle est un objet de contemplation.

Et c'est une contemplation sans bruit, mais plus obscure. Car il en est une différente d'elle qui possède plus de clarté pour la vision ; elle, elle n'est que le reflet d'une autre contemplation. C'est bien pourquoi ce qui a été engendré par elle est | tout à fait sans force, parce qu'une contemplation qui manque de force produit un objet de contemplation sans force.

1. Nous n'adoptons pas les modifications de HS^3 et conservons le texte de HS^2 : καὶ οἷον συναισθήσει, τῇ συνέσει ταύτῃ καὶ συναισθήσει.

2. καθύπνου (HS^3).

II.
La contemplation de l'âme

1. *Production et action ne sont qu'un affaiblissement ou un accompagnement de la contemplation*

Car les hommes aussi, quand leur pouvoir de contempler s'affaiblit, se mettent[1] à produire l'action qui n'est qu'une ombre de la contemplation et de la raison. Parce que la contemplation ne leur suffit plus du fait de l'affaiblissement de leur âme, ils ne peuvent plus percevoir suffisamment l'objet de leur contemplation et, pour cette raison, | n'en sont pas remplis[2] : mais, parce qu'ils désirent voir cet objet, ils se portent vers l'action afin de voir par les yeux ce qu'ils ne peuvent plus voir par l'intellect. Ce qui est sûr, c'est que lorsqu'ils produisent, ils veulent, eux aussi, voir et contempler et percevoir cet objet, et ils veulent que les autres fassent de même, chaque fois que leur projet, autant qu'il est possible, se réalise en action. Oui, partout, nous découvrirons que la production | et l'action sont ou bien un affaiblissement ou bien un accompagnement de la contemplation : un affaiblissement, si l'on n'a plus rien à contempler après l'accomplissement de l'action, un accompagnement, si l'on a à contempler autre chose qui soit antérieur à ce qui a été produit et qui soit supérieur à lui. Qui[3] donc en effet, capable de contempler ce qui est véritable se donnerait pour tâche principale de poursuivre le reflet de ce qui est véritable ? | Une preuve de cela, ce sont aussi les enfants qui sont les moins intelligents : étant incapables d'apprendre et de contempler, ils s'abaissent aux arts et aux travaux manuels.

2. *L'âme, elle aussi, produit des objets de contemplation*

5. Mais puisque nous avons dit au sujet de la nature de quelle manière la génération est contemplation, venons-en maintenant à l'âme qui est antérieure à elle et disons comment la contemplation qui est propre à cette âme, et son *amour de la science et de la recherche*[4], et le

1. « se mettent » pour traduire le moyen ποιοῦνται.
2. πληρούμενοι, *cf.* 11, 7-8 pour la vue « remplie par son objet ».
3. τίς (HS³).
4. *République*, 535 d 4.

travail d'enfantement[1] et son état de grossesse, provoqués par ce qu'elle a connu auparavant, | ont fait que devenue elle-même tout entière objet de contemplation, elle a produit un autre objet de contemplation. C'est ainsi que produit l'art; chaque fois qu'un art a atteint sa plénitude, il produit un autre art, pour ainsi dire en miniature[2], chez un enfant[3] qui possède ainsi une image de toute chose. Pourtant, c'est d'une manière différente que ces produits sont objets de vision ou de contemplation, parce qu'ils sont comme obscurcis et *incapables de se secourir eux-mêmes*[4].

3. *Âme purement contemplative et âme discursive*

Donc la première partie[5] de l'âme, | qui est en haut et tournée vers le haut, sans cesse remplie et illuminée, demeure là-haut, tandis que procède[6] celle qui ne participe que grâce à la participation primitive de celle qui participe déjà ; car, toujours, une vie procède d'une vie ; en effet, une activité[7] s'étend partout et il n'y a pas de point où elle soit absente. Pourtant, tout en procédant, elle laisse la partie antérieure[8] | demeurer là où elle l'a laissée; car si elle délaissait cette partie antérieure d'elle-même[9], elle ne serait plus partout, mais seulement là où elle aboutit.

4. *La contemplation affaiblie de l'âme discursive*

Mais la partie de l'âme qui procède n'est pas égale à la partie de l'âme qui demeure. Si donc une même activité doit s'étendre partout et qu'il n'y ait aucun endroit où elle ne soit pas, s'il faut aussi que la partie antécédente de cette activité soit toujours différente de la partie qui la suit, si par ailleurs l'activité | vient soit d'une contemplation soit d'une

1. *Cf. Théétète*, 151 a-b.
2. οἷαν μικράν.
3. Nous conservons παιδίῳ des manuscrits (HS^{2}) : il s'agit de l'enfant de *Lois*, I, 643 c, qui doit apprendre sérieusement son futur métier en s'amusant avec des modèles réduits : la substitution παιγνίῳ de Theiler (HS^{3}) se comprend, mais ne s'impose pas.
4. *Cf. Phèdre*, 275 e 5-6.
5. θεωρήματα. τὸ πρῶτον [τὸ λογιστικὸν] Kirchhoff (HS^{3}).
6. μεταλαμβάνον <πρόεισι>· πρόεισι Theiler (HS^{3}).
7. ἐνέργεια (HS^{3}).
8. πρότερον [τὸ ἑαυτῆς πρόσθεν] μέρος Dodds (HS^{3}).
9. τὸ <ἑαυτῆς> πρόσθεν HS^{3}.

action et qu'à ce niveau, l'action n'existe pas encore – car elle ne peut exister avant la contemplation –, il est nécessaire qu'une activité soit plus faible que l'autre, mais pourtant que toute activité soit contemplation en sorte que ce qui semble être une action conforme à une contemplation, est en fait une contemplation sous la forme la plus faible. Car ce qui est engendré doit toujours être du même genre que l'engendrant, | sous un mode affaibli bien sûr, parce qu'en descendant, il perd sa vigueur.

5. *La continuité et la dégradation de la contemplation d'un bout à l'autre de la réalité psychique*

Oui, c'est sans bruit que toutes choses sont déjà là, parce qu'elles n'ont nul besoin d'une contemplation ou d'une action manifestées et extériorisées, mais, ce qui les contemple est aussi[1] un âme, et ce qui contemple de cette manière[2] (puisqu'il contemple selon un mode plus extériorisé et différent de ce qui contemple avant lui[3]), produit ce qui contemple après lui et ainsi la contemplation produit la contemplation. | Et, en effet, la contemplation n'a pas de limite et l'objet de contemplation non plus. C'est par ailleurs pourquoi, ou plutôt, c'est précisément pourquoi ils[4] existent partout. Car où ne seraient-ils pas, puisqu'aussi bien, dans toute âme, il y a la même chose? Car l'âme n'est pas circonscrite par la grandeur.

Pourtant elle ne s'exerce pas sous le même mode dans toutes les âmes, en sorte qu'elle n'est pas non plus identiquement en chaque partie de l'âme.

C'est pourquoi *le cocher*[5] *donne à ses chevaux une part de ce qu'il a vu,* | et, eux, l'ayant reçue, pourraient évidemment aspirer à ce qu'ils ont vu, car ils ne l'ont pas reçu tout entier. Mais, dans cette aspiration, au cas où ils agiraient, c'est bien en vue de ce à quoi ils aspirent, qu'ils agissent. Or c'était là objet de contemplation et contemplation.

1. La phrase est structurée par l'opposition μέν / δέ et le καί (ψυχή) est adverbial; ἡ θεωροῦσα résulte de l'attraction du sujet (τὸ θεωροῦν) par l'attribut ψυχή.

2. Comme une âme.

3. Ce qui contemple avant lui : l'Intellect (*cf.* 8, 1-30).

4. La contemplation et l'objet de contemplation, qui se retrouvent à tous les degrés.

5. *Cf. Phèdre*, 247 e 5-6.

6. *La contemplation de l'âme est atteinte par le détour de l'action*

6. Il n'y a donc d'action qu'en vue de la contemplation et de l'objet de contemplation, en sorte que, même pour ceux qui agissent, c'est la contemplation qui est leur fin, et ce qu'ils n'ont pu recevoir pour ainsi dire en ligne droite[1], ils cherchent à le saisir en tournant autour. C'est que, de fait, encore une fois, lorsqu'ils atteignent ce qu'ils veulent, | ce n'est pas pour ignorer ce dont ils ont voulu la réalisation, mais au contraire pour le connaître et pour le voir présent à l'intérieur de l'âme, de toute évidence là à disposition pour être contemplé. La raison en est qu'ils agissent aussi en vue d'un bien, or ils agissent non pas pour que ce bien soit en dehors d'eux, non pas afin de ne pas posséder, mais, au contraire, afin de posséder le bien qui résulte de leur action. Mais le posséder où ? Dans l'âme.

7. *La contemplation de l'âme contemplative se fait dans le silence et l'unité*

| L'action s'est donc retournée[2] vers la contemplation. Car ce que l'on saisit dans l'âme, qui est elle-même raison, que serait-ce donc d'autre qu'une raison silencieuse, et d'autant plus silencieuse qu'elle est davantage à l'intérieur de l'âme ? Car l'âme, alors, se tient tranquille et elle ne cherche rien, parce qu'elle a été remplie, et la contemplation, dans cette certitude alors de posséder, repose à l'intérieur. Et plus évidente est la certitude, plus tranquille est | la contemplation, dans la mesure où elle conduit davantage vers l'unité et où ce qui connaît, en tant qu'il connaît – nous devons maintenant être sérieux – vient davantage vers l'unité avec l'objet connu. Car s'ils sont deux, l'un sera une chose, l'autre une autre, si bien qu'ils sont comme juxtaposés : et ces deux termes, elle[3] ne les a pas encore appropriés l'un à l'autre, comme dans les cas où les raisons qui sont dans l'âme ne produisent rien. C'est pourquoi la raison

1. ἐξ εὐθείας.

2. ἀνακάμπτω, *cf. Phédon*, 72 b 3 pour la description d'un mouvement circulaire opposé au mouvement en ligne droite (εὐθύς).

3. La contemplation.

ne doit pas se trouver à l'extérieur, mais doit s'unir à l'âme de celui qui apprend | jusqu'à ce qu'elle la[1] découvre appropriée à elle.

8. *L'oscillation de l'âme entre la production du discours et le silence de la contemplation*

Ou plutôt[2], lorsque la raison s'est appropriée à l'âme et qu'elle est devenue une disposition intérieure, l'âme, pourtant, profère cette raison et la manie (car ce n'est pas originellement qu'elle la possédait) et elle apprend à la connaître et, dans ce maniement, elle devient en quelque sorte différente d'elle et, la pensant discursivement, elle la regarde comme une chose en regarde une autre. | Pourtant elle était aussi une raison et, en quelque sorte, un intellect, mais qui voyait quelque chose d'autre. Car l'âme n'a pas la plénitude, mais elle est en manque de ce qui est avant elle; pourtant elle aussi voit dans la tranquillité ce qu'elle profère. En effet, ce qu'elle a bien[3] proféré, elle ne le profère plus, mais, ce qu'elle profère, c'est du fait de son manque qu'elle le profère pour en faire l'examen, cherchant[4] ainsi à explorer ce qu'elle possède. Au contraire, | dans les activités pratiques, l'âme cherche à ajuster ce qu'elle possède aux choses extérieures.

Et parce que, d'une part, elle possède plus intensément que la nature, elle est plus tranquille, et, parce qu'elle possède plus, elle est plus contemplative, d'autre part, parce qu'elle ne possède pas d'une manière parfaite, elle désire posséder plus l'exploration de ce qu'elle a contemplé et la contemplation qui résulte de l'examen. Et après s'être éloignée et s'être occupée d'autres choses, | lorsqu'elle remonte ensuite, elle contemple alors avec la partie d'elle même qu'elle avait abandonnée.

Mais l'âme qui est restée en elle-même fait moins cela[5]. C'est pourquoi le sage[6] en a fini avec les raisonnements; c'est pour un autre

1. La raison.

2. μὲν οὖν introduit une correction.

3. Nous adoptons la correction εὖ (οὐ HS^2) de Theiler (HS^3).

4. Nous soulignons la valeur conative des présents καταμανθάνουσα et ἐφαρμόττει (ligne suivante).

5. Le mouvement d'oscillation.

6. Nous n'avons pas trouvé, ici et plus loin en 8, 4, de traduction satisfaisante de σπουδαῖος (« sérieux ») qui fait écho au verbe σπουδάζειν (« être sérieux ») de 1, 1 et 14 et 6, 16.

qu'il énonce ce qui est en lui ; mais, pour lui-même, il n'est que vision. Car en fait il n'est plus tourné que vers l'unité et vers la tranquillité, non seulement par rapport aux choses extérieures, | mais même à l'égard de lui-même, et tout est à l'intérieur.

III.
RÉCAPITULATION ET PREUVES SUPPLÉMENTAIRES

1. *Récapitulation des thèses proposées depuis le début du traité*

7. Donc,

– que tout vient de la contemplation et est contemplation, les êtres qui sont véritablement êtres aussi bien que toutes les choses qui sont provenues de ces êtres-là parce que ces êtres contemplent et qui sont eux-mêmes objets de contemplation, les uns pour la sensation, les autres pour la connaissance ou l'opinion,

– que les actions ont leur fin | dans la connaissance et que le désir est désir de connaissance,

– que les générations partent d'une contemplation pour aboutir à la réalisation d'une forme, c'est-à-dire d'un nouvel objet de contemplation,

– que, d'une manière générale, tous les êtres à chaque niveau[1], étant des imitations des êtres qui les produisent, produisent des objets de contemplation et des formes,

– que les réalités qui viennent à l'existence[2], parce qu'elles sont imitations d'êtres (véritables), font voir que ceux qui les produisent se donnent pour fin, non pas les | productions et les actions elles-mêmes, mais le résultat produit afin de le contempler,

– que ce résultat, les raisonnements aussi veulent le voir, et encore avant eux, les sensations, dont la fin est la connaissance, et qu'encore avant elles la nature produit l'objet de contemplation et la raison qui est en elle, en réalisant une autre raison, tous ces points – les uns allaient de soi, | les autres, notre discours[3] les a remis en mémoire – sont évidents, je pense. Car ce point aussi est évident : il était nécessaire, puisque les êtres premiers sont dans la contemplation, que ce soit là ce que toutes les autres choses désirent, s'il est vrai que, pour toutes choses, c'est leur principe qui est leur fin.

1. Nous traduisons ainsi le pluriel ἕκαστα.
2. Il s'agit des individus naturels et artificiels qui sont produits dans le monde sensible.
3. ὁ λόγος : les chapitres 1-6.

2. *Preuves supplémentaires*

Car, même quand les animaux engendrent, ce sont les raisons qui sont à l'intérieur qui les incitent, et c'est là activité de contemplation, douleur d'enfantement pour | produire de multiples formes, de multiples objets de contemplation, et remplir tout de raisons et en quelque sorte contempler toujours. Car faire être quelque chose, c'est produire une forme, et cela, c'est remplir tout de contemplation.

Et les défauts qui se trouvent dans les résultats aussi bien de la production que de l'action, ces défauts sont dus au fait que ceux qui contemplent s'écartent du modèle contemplé. | Et du moins le mauvais artisan a tout l'air de quelqu'un qui produit des formes laides.

Et les amants aussi sont du nombre de ceux qui ont vu et s'efforcent d'atteindre une forme.

IV.
LA CONTEMPLATION PARFAITE DE L'INTELLECT

1. *L'Intellect comme unité de l'acte de penser et de l'acte d'être, au sommet de la hiérarchie des contemplations*

8. Voilà pour ces questions. Mais, puisque la contemplation s'élève de la nature à l'âme et de celle-ci à l'Intellect et puisque les modes de contemplation deviennent ainsi toujours plus appropriés et unifiés avec les êtres qui contemplent, et puisqu'au niveau de l'âme sage | les objets connus tendent à s'identifier au sujet[1], parce qu'ils s'efforcent d'atteindre l'Intellect, il est évident qu'au niveau de l'Intellect, les deux sont déjà un, non pas par une appropriation comme dans l'âme la plus excellente, mais par l'essence et du fait qu'*être et penser, c'est la même chose*[2]. Car il n'y a plus une chose et une autre. Ou alors, il faudrait qu'à nouveau il y ait encore une autre chose |qui ne soit plus une chose et une autre. Il faut donc que les deux soient réellement cette unité-là.

2. *L'Intellect, contemplation vivante*

C'est-à-dire une contemplation qui vit, non un objet de contemplation, comme celui qui est en autre chose. Car ce qui est en autre chose, est vivant grâce à celui-là[3], il n'est pas vivant en soi. Si donc un objet de contemplation et d'intellection doit vivre, il doit être la vie en soi, non pas végétative ni sensitive ni celle du reste de l'âme. |A vrai dire les autres vies sont aussi en quelque sorte des intellections, mais l'une est intellection végétative, l'autre, sensitive, l'autre psychique. Comment sont-elles donc des intellections? Parce qu'elles sont des raisons. Et toute vie est une intellection, mais l'une peut être plus obscure que l'autre, exactement comme pour la vie. Mais cette vie est plus claire : c'est aussi la vie première et l'Intellect premier qui est un. Et la vie première est donc intellection, la vie |seconde intellection

1. ὑποκείμενον.
2. Parménide, *fragment* B 3.
3. Nous adoptons la correction de Dodds (HS^3) : ζῶν δι' ἐκεῖνο.

seconde, la vie la dernière intellection dernière. Et toute vie appartient à ce genre et est intellection. À propos de la vie, les hommes accepteraient peut-être de faire ces distinctions, mais ils ne les font pas à propos des intellections, mais ils disent que certaines vies sont des intellections et d'autres absolument pas, parce qu'ils ne cherchent absolument pas ce que peut être la vie. |

Mais il faut en tout cas souligner ce point : que notre exposé montre encore une fois que tous les êtres sont des dérivés[1] de la contemplation.

Si donc c'est par l'intellection que la vie la plus véritable est vie et que cette vie est identique à l'intellection la plus véritable, l'intellection la plus véritable vit et la contemplation et l'objet de cette contemplation sont, l'un vivant, l'autre vie, et les deux sont un ensemble.

3. *L'Intellect, comme un-multiple*

| Si donc les deux sont un, comment se fait-il qu'inversement cet un soit plusieurs ?

N'est-ce pas parce que ce qu'il contemple n'est pas un[2] ? Car même lorsqu'il contemple l'Un, ce n'est pas comme un. Sinon, il ne devient pas intellect[3]. Mais, s'il a commencé à le faire comme un, il n'est pas demeuré tel qu'il avait commencé, mais il est devenu multiple sans s'en apercevoir, comme *appesanti par l'ivresse*[4] et il s'est déployé lui-même, en voulant tout posséder. | – Comme il aurait été meilleur pour lui de ne pas vouloir cela, car ainsi il est devenu second ! – C'est en effet comme un cercle qui, en se déployant lui-même, est devenu aussi figure, surface, circonférence, centre, rayons, choses les unes en haut, les autres en bas, meilleures au point de départ, moins bonnes au point d'arrivée.

1. πάρεργον θεωρίας (génitif).

2. Selon nous, οὐχ ἕν désigne l'objet immanent de la contemplation de l'Intellect et dans la phrase suivante οὐχ ὡς ἕν est apposé au sujet, l'Intellect qui ne peut rester un quand il contemple l'Un. L'ambiguïté ne pose pas vraiment problème puisque l'Intellect d'abord un (comme intellect naissant) devient multiple en devenant pensant en même temps qu'il exprime l'unité de l'Un dans la multiplicité de ses objets intelligibles.

3. On peut hésiter sur l'emploi de la majuscule dans la traduction. En principe, nous utilisons la majuscule uniquement quand « Intellect » est le nom (propre) désignant la deuxième hypostase plotinienne qui est à la fois intellect et intelligible.

4. *Banquet*, 203 b 7 : Poros, le futur père d'Eros est βεβαρημένος, ivre du nectar bu à la table des dieux.

Car le point d'arrivée n'est pas tel que le point d'origine plus le point d'arrivée et, inversement, | le point de départ plus le point d'arrivée n'est pas tel que le point de départ à lui seul.

4. *L'Intellect, comme un-tout*

Et, d'un autre point de vue, l'Intellect n'est pas l'Intellect d'une seule chose particulière, mais il est total, et en tant que total, il est l'Intellect de toutes les choses.

Il faut donc, puisqu'il est Intellect total et Intellect de toutes choses, que chacune de ses parties, elle aussi possède totalement et possède toutes choses. Sinon il aura une partie qui ne sera pas intellect, il sera composé de non-intellects, et sera une sorte d'amas | entassé, attendant de devenir Intellect à partir de tout cela. C'est pourquoi il est aussi, de cette manière, infini et, si quelque chose vient de lui, il n'y a aucune diminution, ni pour la chose qui vient de lui, parce que, elle aussi, est toutes choses, ni pour celui d'où elle vient, parce qu'il n'était pas une addition de parties.

Deuxième partie

L'UN-BIEN AU-DELÀ DE LA CONTEMPLATION

I.
L'un au-delà de l'intellect

1. *Position de la thèse générale : l'un-multiple suppose un Un antérieur*

9. Tel est donc cet Intellect. C'est pourquoi il n'est pas premier, mais il faut qu'existe cet *au-delà*[1] de lui qui motivait déjà nos raisonnements précédents, d'abord, parce que la multiplicité est postérieure à l'unité; par ailleurs il est nombre, tandis que le principe d'un nombre et de ce type de nombre, c'est ce qui est réellement un; | de plus, il est intellect et intelligible ensemble, en sorte qu'il est les deux ensemble. Mais s'il est « deux », il faut admettre ce qui est avant le « deux ».

2. *Le couple intellect et intelligible et ce qui est au-delà des deux*

– Qu'est-ce donc ? L'intellect seul ?

– Mais à tout intellect est couplé l'intelligible. Si donc l'intelligible ne doit pas lui être couplé, il ne sera pas non plus intellect. Si donc il n'est pas intellect, mais échappe à ces deux, il faut que ce qui est avant ces deux soit au-delà de l'intellect. |

– Qu'est-ce qui empêche donc que ce soit l'intelligible lui-même ?

1. *République* 509 b 9 : Le Bien est « au-delà de l'être » (ἐπέκεινα τῆς οὐσίας).

– Ne faut-il pas dire que l'intelligible lui aussi est couplé à l'intellect ?
– Si donc il n'est ni intellect ni intelligible, que peut-il bien être ?
– Ce dont proviennent l'intellect et l'intelligible qui lui est couplé, dirons-nous.

3. *Comment se représenter cet au-delà de l'Intellect ?*

Qu'est-ce donc et comment nous le représenterons-nous ? Car, là encore, il sera soit pensant, soit non pensant ? Pensant, il sera intellect, non pensant, il ne se connaîtra pas non plus lui-même. | Et ainsi qu'aura-t-il de *vénérable*[1] ? Car même si nous disions qu'il est le Bien et qu'il est éminemment simple, tout en disant vrai, nous ne dirons pas pour autant quelque chose de clair et d'évident tant que nous n'aurons rien sur quoi appuyer notre pensée pour le dire. Car, là encore, puisque la connaissance des autres choses se fait grâce à un intellect | et que c'est par l'Intellect que nous pouvons connaître l'Intellect, cette réalité qui transcende la nature de l'Intellect, par quelle intuition indivise serait-elle saisie ?

4. *Réponse : nous le saisissons par ce qui en nous n'est pas Intellect*

À celui à qui il faut indiquer comment c'est possible, nous dirons : par ce qui en nous lui est semblable. Car en nous aussi il y a quelque chose de lui. Ou plutôt, il n'y a pas de lieu où il n'est pas pour ceux qui sont capables de participer à lui. Car ce qui[2] est partout présent[3], où que tu places ce qui est capable de le posséder, | c'est de là que tu le possèdes. C'est comme un son qui remplirait un espace vide ou plutôt, en même temps que cet espace vide, les gens qui s'y trouvent : quel que soit le point de l'espace vide où tu places l'oreille, tu recevras le son tout entier et pourtant, en un autre sens, tu ne le recevras pas tout entier.

1. Même question chez Aristote, *Métaphysique* XII, 9 1074 b 17-18, à propos de la Pensée de la pensée, dans l'hypothèse où elle ne penserait rien. Au contraire, en *Sophiste* 249 a 1, le « totalement être », s'il n'était pas vivant et pensant, pourrait être qualifié de « vénérable et sacré ».

2. Nous revenons avec HS^3 au texte des manuscrits : αὐτοῦ. τὸ.

3. Nous adoptons la correction πανταχοῦ παρὸν στήσας de Theiler (HS^3).

– Qu'est donc ce que nous recevrons, si nous tendons vers lui un intellect ?

– Ne faut-il pas plutôt que | l'Intellect en quelque sorte se retire en arrière, en allant en quelque sorte jusqu'à s'abandonner lui-même à ce qui est en arrière de lui, puisqu'il est biface[1], et que ce côté-là[2], s'il veut voir cette réalité-là, ne soit pas totalement intellect.

5. *L'Intellect, étant « parcours » et multiplicité variée, ne peut être le principe*

Lui-même est en effet vie première, parce qu'il est un acte *en parcours*[3] de toutes choses, non pas un parcours en train de parcourir, mais qui a déjà parcouru. | Si donc il est vraiment à la fois vie et parcours, s'il possède toutes choses en détail et non en bloc (car alors il ne les possèderait que de manière imparfaite et indistincte), il faut qu'il provienne de quelque chose d'autre, qui n'est plus en parcours, mais principe du parcours, principe de la vie, principe de l'Intellect et de tout. Car le tout n'est pas principe, | mais le tout vient d'un principe tandis que celui-ci n'est plus le tout ni quelque chose du tout, afin d'engendrer le tout et afin de ne pas être multiplicité, mais principe de la multiplicité ; en effet partout ce qui engendre est plus simple que ce qui est engendré. Si donc ce quelque chose d'autre[4] a engendré l'Intellect, il doit être plus simple que l'Intellect. Mais si quelqu'un | croit qu'il est l'Un et tout, il sera soit chaque chose du tout une à une soit *tout ensemble*[5]. S'il est *tout ensemble* une fois rassemblé, il sera postérieur au tout. S'il est antérieur au tout, le tout sera une chose et lui autre chose que le tout. S'il est en même temps lui-même et le tout, il ne sera pas | principe. Mais il doit être principe et être avant le tout pour qu'après lui le tout aussi soit. Quant à d'être identique à chacune des parties du tout : d'abord

1. ἀμφίστομος.

2. Ce qui est en arrière de lui.

3. *Cf.* Numénius, *fragment 21* des Places : le second Intellect est ἐν διεξόδῳ. Numénius, comme Plotin, devait se référer à la διέξοδος καὶ πλάνη de *Parménide*, 136 e 1-2.

4. τοῦτο reprend ἔκ τινος ἄλλου (9, 37).

5. Anaxagore, *fragment* B 1 : l'expression ὁμοῦ πάντα, reprise dans la phrase suivante et à la ligne 53, est caractéristique de l'Intellect.

n'importe quelle partie sera alors la même chose que n'importe quelle autre, ensuite il y aura *tout ensemble*, et il n'y aura aucune distinction. Et ainsi il n'est rien[1] du tout, mais avant le tout.

6. *Le principe, « puissance du tout », comparé à la source des fleuves ou à la racine de l'arbre*

10. Qu'est-il donc alors ? – La puissance de tout : si elle n'existait pas, le tout non plus n'existerait pas et l'Intellect non plus, vie première et totale[2]. Mais ce qui est au-dessus de la vie est cause de la vie. En effet l'activité de la vie qui est le tout n'est pas première mais elle-même s'est écoulée comme | d'une source[3]. Oui, pense à une source qui n'a pas d'autre principe, mais qui s'est donnée elle-même à tous[4] les fleuves, sans pourtant se perdre dans ces fleuves, mais qui elle-même demeure dans la tranquillité tandis qu'eux qui sont sortis d'elle, avant de s'en aller chacun dans une direction différente, coulent encore ensemble confondus, mais déjà comme si chacun savait où il épanchera ses flots ; | ou bien pense à la vie d'un arbre immense, qui s'est répandue dans l'arbre tout entier, tandis que son principe demeure et ne s'est pas dispersé lui-même dans le tout, parce qu'il a pour ainsi dire son point d'appui dans la racine. C'est ainsi que ce principe a dispensé à l'arbre toute la vie, qui est multiple, tandis que lui-même demeure, parce qu'il n'est pas multiple, mais principe de la vie multiple.

Et rien de merveilleux en cela. Ou alors, voilà précisément ce qui est merveilleux : comment | la multiplicité de la vie est venue de la non-multiplicité et le fait qu'il n'y aurait pas de multiplicité, s'il n'y avait, avant la multiplicité, ce qui n'est pas multiplicité. Car le principe ne se divise pas dans le tout : sa division aurait anéanti en même temps le tout et, bien plus, celui-ci n'aurait même pas été engendré si le principe ne demeurait en lui-même, dans sa différence.

1. aucune chose.

2. On considère généralement ζωὴ ἡ πρώτη καὶ πᾶσα comme une prédication, mais il est préférable d'y voir une apposition à νοῦς.

3. Cf. *Phèdre*, 245 c 9 : πηγὴ καὶ ἀρχή.

4. Nous n'adoptons pas la correction πᾶσαν de HS^3 et conservons le texte de HS^2 (πᾶσιν, manuscrits).

7. *La remontée vers l'Un-principe*

C'est pourquoi, partout, il y a remontée vers un « un ». Et en chaque chose, il y a un « un », auquel tu remonteras et celui-ci à chaque fois mène à un « un » antérieur à lui mais pas absolument un, jusqu'à ce que l'on parvienne à l'absolument un. Et celui-là ne mène plus à un autre. Mais si l'on prend déjà l'« un » de l'arbre (car c'est là aussi le principe qui demeure) et l'« un » de l'animal et l'« un » de l'âme | et l'« un » de l'univers[1], on prend chaque fois ce qu'il y a de plus puissant et de précieux. Et si l'on prend maintenant l'Un des êtres véritablement êtres, leur principe, leur source, leur puissance, aurons-nous des doutes, le soupçonnerons-nous d'être rien ?

8. *Le sens du mot « rien » employé à propos de l'Un*

Ou alors, oui, disons « rien » des choses dont il est principe, un « rien » tel pourtant, puisqu'aucun prédicat | ne peut lui être attribué, ni être, ni essence, ni vie, qu'il est ce qui est au-dessus de toutes ces choses.

9. *Intuition de l'Un et vision de ce qui est après lui*

Mais si tu le prends, après avoir écarté de lui l'être, tu seras émerveillé. Et si tu t'es élancé vers lui et si tu as eu la chance de te reposer en son sein, cherche[2] à le comprendre plutôt en l'ayant saisi par l'intuition, mais en voyant en même temps sa grandeur dans les êtres qui sont après lui et par lui[3].

1. τὰ πάντα qui, selon nous, désigne ici la totalité du monde sensible et non la totalité du monde intelligible qui n'intervient que dans la phrase suivante, au terme de l'anagogie.

2. Nous traduisons ainsi le présent de l'impératif.

3. Par prudence, nous avons traduit tous les aoristes de cette phrase en soulignant l'antériorité, que cette antériorité soit infime ou plus importante.

II.
Le bien père de l'Intellect

1. *Le Bien donne forme et actuation à l'Intellect*

11. On peut aussi procéder de la façon suivante. Puisqu'en effet l'Intellect est une sorte de faculté de voir et une faculté de voir qui voit, il sera une puissance passée à l'acte. Il y aura donc en lui d'un côté une matière et de l'autre une forme, forme au sens de vision en acte, matière au sens de matière dans l'intelligible [1]. Car la vision (sensible) aussi, quand elle est en acte, est double. En tout cas, avant de voir, elle était une. Un est donc | devenu deux et les deux un. Donc, dans le cas de la vision, il y a plénitude [2] et en quelque sorte achèvement par l'objet sensible, tandis que dans le cas de la faculté de voir de l'Intellect, c'est le Bien qui la remplit.

2. *L'Intellect a besoin du Bien, le Bien n'a pas besoin de l'Intellect*

Car s'il était lui-même le Bien, qu'aurait-il besoin de voir ou tout simplement d'agir ? En effet c'est | en vue du Bien et à cause du Bien que les autres choses exercent leur acte, mais le Bien n'a besoin de rien. C'est pourquoi rien n'est à lui que lui-même. Donc, lorsque tu prononces le mot « Bien », n'ajoute en pensée rien de plus. Car si tu ajoutes quelque chose, quoi que tu lui ajoutes, tu feras qu'il en aura besoin. C'est pourquoi n'ajoute pas même « penser », afin de ne pas le rendre aussi autre et double : Intellect et | Bien. Car l'Intellect a besoin du Bien, tandis que le Bien n'a pas besoin de lui.

1. Nous conservons le texte de HS^2 (αὐτοῦ οἷον καὶ ἡ κατ' ἐνέργειαν ὅρασις, ὕλη). La suppression [οἷον καὶ ἡ κατ' ἐνέργειαν ὅρασις] par Theiler (suivi par HS^3) rend plutôt la phrase boiteuse.

2. Nous avons hésité à traduire πλήρωσις, ici comme en 11, 43, par « remplissage ».

3. *De la ressemblance avec le Bien au Bien lui-même*

C'est pourquoi aussi, en atteignant le Bien, il devient *de la forme du Bien*[1] et il est achevé par le Bien, et c'est la forme qui vient du Bien sur lui qui le rend *de la forme du Bien*. Et telle la trace du Bien que l'on observe sur l'Intellect, | tel il convient de se représenter le modèle, en inférant la vérité de ce modèle à partir de la trace du Bien qui court sur l'Intellect. Donc, sa trace sur lui, il a donné à l'Intellect qui voit de la posséder, en sorte que, dans l'Intellect, il y a le désir, et il désire sans cesse et sans cesse obtient, tandis que celui-là[2] ni ne désire – désirer quoi ? – ni | n'obtient – il ne désirait même pas ! Voilà pourquoi il n'est point non plus intellect. Car c'est en celui-ci qu'il y a désir et inclination vers sa forme.

4. *De l'Intellect au Père de l'Intellect*

Eh bien, puisque l'Intellect est beau, la plus belle de toutes les choses, situé dans une pure lumière et un *pur éclat*[3], embrassant la nature des êtres, lui dont le beau monde d'ici aussi est l'ombre et | l'image, situé dans une splendeur totale, parce qu'en lui rien n'est privé d'intellect, ni ténébreux ni privé de mesure, et vivant une vie bienheureuse, une vive stupeur[4] saisirait celui qui l'aurait vu, se serait abîmé en lui, comme il convient, et serait devenu un avec lui. Eh bien, de même que celui qui a levé les yeux vers le ciel et vu la lumière des astres | songe à celui qui les a produits et le recherche, ainsi convient-il aussi que celui qui a vu le monde intelligible, qui l'a contemplé et admiré, recherche aussi le producteur de ce monde-là, en se demandant qui donc est celui qui a fait exister un tel monde et comment il l'a fait, celui qui a engendré un tel enfant, Intellect (*Kro-nos*), beau garçon (*koros)* et satiété

1. *République*, 509 a 3.
2. ἐκεῖ<νος> Theiler (HS^3).
3. *Phèdre*, 250 c 4.
4. θάμβος, *cf. Phèdre*, 254 c 4.

(*koros*)[1] venue de lui. Assurément, | celui-là n'est ni intellect ni satiété, mais antérieur et à l'Intellect et à la satiété. Car c'est après lui que viennent l'Intellect et la satiété qui, eux, avait besoin à la fois d'avoir été rassasiés et d'avoir pensé. Ils sont sans doute tout proches de celui qui est sans besoin et qui n'a aucun besoin de penser, ils possèdent une plénitude et une intellection véritables, parce qu'ils les possèdent primitivement. Mais celui qui est avant eux n'a pas de besoin et ne possède pas | ; ou alors il ne serait pas le Bien.

1. Première apparition dans la tétralogie (cf. *31* [V, 8], 12, 3-11; 13, 1-13; *32* [V, 5], 8, 12) de la généalogie hésiodique (*Théogonie*, 466-67) : Ouranos (l'Un), Kronos (l'Intellect), Zeus (l'Âme). *Kro-nos* est *koros nous* (ou = o long), comme dans l'étymologie de *Cratyle*, 396 b 5-7 où cependant « koros ne signifie pas "fils", mais ce qu'il y a de pur (*katharos*) et sans mélange (*akêratos*) ». Plotin fait jouer les deux sens de *koros*, « garçon » et « satiété » : Kronos est fils d'Ouranos et en même temps satiété, parce qu'il est tout rempli de ses enfants qu'ils dévorent. Le rapprochement de *Kronos* et de *koros* au sens de satiété est déjà fait par l'allégorie physique stoïcienne; *cf.* Cicéron, *De natura deorum*, II, 64, dans la transposition latine : « Le temps a été appelé Saturne parce qu'il est saturé (*saturaretur*) d'années ».

COMMENTAIRE

PROLOGUE

JEU, CONTEMPLATION ET ACTION (1, 1-18)

Plotin commence le traité par l'affirmation d'un désir universel de contemplation, visée de tous les êtres, non seulement les êtres rationnels, mais également des animaux irrationnels, de la nature (*phusis*), âme végétative principe de croissance des végétaux, jusqu'à la terre elle-même qui les engendre (**1, 1-4**). Jusqu'au degré infime de l'être, tout n'est qu'image ou imitation de la contemplation (**1, 5-7**). Un lecteur de Platon et d'Aristote, pour qui la contemplation était une activité réservée à un animal rationnel, à un homme en voie de divinisation, pouvait être interloqué par cette étonnante extension du domaine de la contemplation à des êtres privés de raison.

Plotin dit explicitement que cette affirmation est paradoxale (« pourrait-on supporter le paradoxe d'un tel discours? », **1, 8**). L'adjectif *paradoxos* est très rarement employé dans les *Ennéades* : on le trouve seulement en *22* [VI, 4], 4, 12, à propos de la thèse que quelque chose peut être tout entier en même temps partout, thèse paradoxale qu'il s'attache justement à démontrer dans ce traité *22* et en *8* [IV, 9], 2, 6, au comparatif, dans une expression où il affirmait que cette même thèse, appliquée aux âmes individuelles n'était pas si paradoxale que cela. Comme dans ces deux autres emplois, le paradoxal n'est ici qu'un moment dans la dynamique d'une démonstration.

Ce prologue n'est pas seulement l'introduction d'un traité sur la contemplation : il est aussi l'ouverture d'un ensemble plus vaste, constitué des quatre traités antignostiques *30* [III, 8], *31* [V, 8], *32* [V,

5], *33* [II, 9], qui, selon l'hypothèse de Harder[1], aurait pu être prononcé sous la forme d'une conférence. En tout cas, ce prologue se conforme au précepte de rhétorique qui invitait à capter l'attention de l'auditoire : dès le premier mot, Plotin propose à ses auditeurs de « jouer » avec lui sur un paradoxe. Nous avons dit dans notre introduction que c'était aussi là une manière de rappeler à certains de ses auditeurs, familiers du style quelque peu tragique et pompeux des enseignements gnostiques, qu'on se trouvait « entre nous » (**1, 9**), entre membres d'une école grecque, platonicienne, où une tonalité socratique[2] restait de bon aloi, tonalité enjouée qui caractérise bien la polémique souriante du *Traité 30*.

Le jeu auquel se livre Plotin consiste à énoncer le paradoxe sous la forme d'une citation d'Eudoxe de Cnide par Aristote (*Ethique à Nicomaque*, X, 2, 1172 b 9-10) qui identifiait le plaisir au Bien parce que tous les êtres, aussi bien raisonnables que privés de raison, aspiraient au plaisir, où, à « plaisir », Plotin substitue « contemplation', transformant ainsi la doxa de l'hédoniste en paradoxe. En même temps, cette substitution fait écho au lien qu'Aristote établissait entre plaisir et contemplation : « La contemplation est ce qui donne le plus de plaisir et ce qui est le meilleur » (*Métaphysique* XII, 7, 1072 b 24) et « L'activité de l'esprit, en raison de son caractère contemplatif, semble l'emporter sur les autres activités. Elle ne poursuit aucune fin en dehors d'elle-même, elle comporte un plaisir propre qui est parfait » (*Ethique à Nicomaque*, X, 7, 1177 b 21).

Plotin continuer à jouer en demandant si le jeu dont lui et ses auditeurs (« nous ») sont justement en train de jouir n'est pas lui-même une contemplation (**1, 10-11**). La réponse : « Oui, nous, et tous ceux qui jouent, c'est ce que nous faisons, ou, en tout cas, c'est par désir de contempler que nous jouons (**1, 11-12**) », permet d'introduire un autre type de généralisation. Si la contemplation est la fin visée par tous les êtres vivants, et notamment les animaux privés de raisonnement, ce qui fera l'objet de la section **1, 18 – 4, 31** sur la nature, elle est, de plus, visée par toutes les activités humaines, comme le montrera la section **4, 31 – 6, 40** à laquelle renvoie la dernière phrase du prologue (**1, 18**).

1. « Eine neue Schrift Plotins », *Hermes*, 71, 1936, p. 1-10.

2. *Cf.* le Socrate de *République*, VII, 536 c : « J'ai oublié que nous jouions [...] j'ai dit ce que j'ai dit avec trop de sérieux ».

Mais pour le moment Plotin se concentre sur l'affirmation, elle aussi quelque peu paradoxale, qu'une activité ludique a comme fin, pas moins qu'une activité sérieuse, la contemplation : « Finalement, que ce soit un enfant (*pais*) ou un homme, qui joue (*paizein*) ou qui soit sérieux (*spoudazein*), il y a bien des chances que ce soit en vue de la contemplation que l'un joue (*paizein*) et que l'autre est sérieux (*spoudazein*) et que toute action fasse un effort sérieux (*spoudên echein*) vers la contemplation » (**1, 13-15**).

Il me semble difficile, dans ce réseau (*paizein* / *spoudazein*), de lire (et traduire) le mot *spoudê* sans le rapprocher de *spoudazein* : Plotin veut certainement dire que toute action, même le jeu, est sérieuse dans sa recherche de la contemplation. Cette observation guidera notre interprétation de la fin de la phrase dont la logique est loin d'être évidente. Son interprétation est solidaire du verbe auquel il convient de rattacher les deux expressions adverbiales « plus » (**1, 16**) et « moins » (**1, 17**) ; on peut, comme Bréhier, Armstrong et HS[2] les rattacher au participe « tirant » (*elkousa*, **1, 16**) : l'action nécessaire tire plus la contemplation vers l'extérieur, l'action volontaire la tire moins ; on peut, comme Theiler, Igal, HS[3], les rattacher à *spouden echein* : l'action nécessaire fait plus un effort sérieux vers la contemplation, l'action volontaire moins. Il nous semble que la deuxième interprétation est la meilleure : elle respecte mieux la symétrie de la disjonction de l'action (sujet de *spouden echein*) en deux types qui ne se distinguent que par une différence de degré dans « l'effort sérieux vers la contemplation, c'est-à-dire, selon nous, simplement par une différence de degré de « sérieux » qui distingue activité sérieuse et activité ludique, la première qualifiée de « nécessaire », la seconde, de « volontaire ».

Plotin n'a pas fini de jouer : il le fait maintenant avec le développement d'Aristote sur le bonheur et le jeu en *Ethique à Nicomaque*, X, 6, 1176 b. Aristote y opposait actions « nécessaires », « appréciables en raison d'autres choses » et actions « appréciables par elles-mêmes ». C'était bien sûr dans la deuxième catégorie qu'il fallait ranger le bonheur et les activités vertueuses, « faire ce qui est beau et vertueux (*spoudaia*) ». Mais les activités ludiques (*paidia*) relevant également de cette catégorie, il fallait discriminer à l'intérieur des activités « appréciables pour elles-mêmes ». Pour Aristote le critère était le *spoudaios* (« sérieux », « sage »,

« vertueux ») qui ne se donnerait jamais pour fin le jeu et Aristote concluait que « mettre tout son sérieux (*spoudazein*) et sa peine (*ponein*) en vue du jeu paraît stupide et trop puéril. Au contraire « jouer en vue d'une action sérieuse », selon le mot d'Anacharsis, voilà, semble-t-il l'attitude correcte ». Donc pour Aristote, même si le jeu est « appréciable par lui-même », aucun homme *spoudaios* ne le rechercherait pour lui-même : tout au plus est-il une détente avant une activité sérieuse, voire pénible, et vertueuse, qui aura sa fin en elle-même.

Pour Plotin, au contraire, toute action vertueuse est « nécessaire » au sens où « elle est toujours forcée de faire ceci ou cela en fonction des circonstances » (*39* [VI, 8], 5, 12-13). Par exemple, l'acte courageux a besoin d'une guerre pour se réaliser (5, 8-12). L'action nécessaire, imposée par des circonstances extérieures, doit par ailleurs se manifester à travers ces circonstances et aboutir à un résultat extérieur : c'est pourquoi elle se réalise « parce qu'elle tire la contemplation vers les choses extérieures (1, 16) ». En même temps, ce qui discriminait chez Aristote l'action vertueuse de l'action ludique était le critère du « sérieux », marqué par l'effort, la peine qu'on est prêt à se donner[1] pour la réaliser : dans le cas de l'action vertueuse (et, pour Plotin, nécessaire) la tension vers la fin est plus sérieuse et c'est pourquoi « elle fait plus un effort sérieux vers la contemplation ». Mais le jeu, qui risque bien d'être le seul représentant acceptable de l'action qui n'est pas « nécessaire », celle qui est dite « volontaire », vise sa fin plus immédiatement, plus naturellement, moins laborieusement et donc moins « sérieusement » et ceci hors de toute appréciation éthique du terme. Ainsi la contemplation plotinienne, au niveau de l'action humaine aussi, est une fin plus englobante que le bonheur tel que le conçoit Aristote.

1. *Cf.* les verbes employés par Aristote en 1176 b 29 et 32 : *pragmateuesthai*, *kakopathein* et *ponein*.

PREMIÈRE PARTIE

LES DEGRÉS DE CONTEMPLATION (1, 18 – 8, 48)

Aperçu général

La première partie parcourt les divers degrés de contemplation dans un ordre ascendant qui va de la contemplation de la nature à celle de l'Intellect. Cet ordre est aussi ici celui qui va du plus paradoxal au plus évident Entre ces deux niveaux extrêmes s'intercale celui de la contemplation de l'âme, plus précisément de l'âme humaine, sous ses deux aspects, âme qui contemple, ce qui la rapproche du niveau supérieur de l'Intellect, et âme qui raisonne, ce qui non seulement l'éloigne du niveau supérieur, mais d'une autre façon la fait même retomber en dessous du niveau de la nature. Finalement le statut de l'âme qui raisonne (raisonnement qui selon la doxa est exigé comme condition nécessaire à la contemplation), contrastant aussi bien avec la contemplation tranquille et silencieuse de la nature qu'avec la contemplation parfaite de l'Intellect, fait plutôt ressortir l'homogénéité des deux extrêmes. C'est d'ailleurs plutôt ce contraste avec la production-action humaine associée à la discursivité qui fonde la démonstration que la nature est contemplation, plutôt que l'idée, présente cependant, mais discrètement, de la nature comme image d'une Âme supérieure contemplative, sa « mère », elle-même image de l'Intellect.

PREMIÈRE SECTION

LA NATURE PRODUIT EN CONTEMPLANT (1, 18 – 4, 31)

Aperçu général

Plotin commence par accentuer le paradoxe de la thèse du prologue en la reformulant à partir de la terre et des plantes, qui sont manifestement privées non seulement de raisonnement mais de représentation, deux facultés que semblent présupposer la contemplation (1, 18-24). Les deux chapitres suivants montreront que la production de la nature est plus fondamentalement contemplation que la production artificielle humaine qui, elle, justement exige représentation, raisonnement, et action. Pour produire, la nature n'a pas besoin de mettre en œuvre des instruments et des mécanismes. Il faut se garder d'une interprétation anthropomorphique trop littérale de la démiurgie du Timée *(2, 1-9). Le véritable enseignement de Platon est que ce qui essentiel à toute production est le modèle immobile : dans la production de la nature, seule la matière est mobile, la nature reste immobile (2, 9-19). Cette immobilité de la nature est celle d'une forme, d'une raison qui informe la matière sans avoir à en épouser le mouvement : seule, une raison sans vie, un reflet qu'elle donne au substrat, la structure visible du corps, est engagée dans la matière (2, 19-34). La nature, étant raison immobile, n'est pas action, elle est contemplation (3, 1-6). Toutes les raisons, à l'exception de la dernière, la raison sans vie qui n'est qu'objet de contemplation, proviennent d'une contemplation et sont contemplation, la nature comme l'âme (3, 7-10). À l'objection qui voudrait soit réduire la nature à un simple objet de contemplation soit lui accorder d'être contemplation que parce qu'elle serait, comme l'âme, capable de raisonner, Plotin répond que la nature n'a pas besoin de rechercher comme l'âme discursive de l'artisan, mais qu'elle possède et produit donc par son être-même, sans raisonnement ni action (3, 10-23).*

La prosopopée de la nature souligne que sa production est contemplation « silencieuse », c'est-à-dire sans raisonnement ni action, conforme à sa propre génération (4, 1-14). L'explication de la prosopopée ajoute que cette contemplation sans bruit, comme endormie, n'est que le reflet plus obscur de celle de l'âme et qui aboutit à un objet de contemplation lui-même incapable de contempler (4, 15-31).

1. *Problème : comment la nature peut-elle contempler si elle est privée de représentation et de raisonnement ?* (**1, 18-24**)

Après le prélude sur le jeu et l'action humaine, Plotin revient au paradoxe ouvrant le traité qui faisait descendre le désir de contemplation jusqu'au dernier degré de l'échelle des êtres, mais en remontant à partir des deux degrés inférieurs, là où le paradoxe s'accentue à l'extrême : « Pour le moment, parlons de la terre elle-même, des arbres, et en général des plantes : quelle est leur contemplation ? comment ferons-nous remonter les produits et les fruits de la terre à l'activité de la contemplation ? » (**1, 18-21**). Il peut être utile de rappeler la hiérarchie stoïcienne des êtres, correspondant à la diversification d'un même « souffle » (*pneuma*), qui est à l'arrière-plan de la problématique de Plotin :

pneuma
diversifié[1] selon les corps
en

hexis (cohésion)		non vivant	pierre
	+ mouvement[2]	vivant	
phusis (principe de croissance)		végétal	
	+ représentation		
psuchê (âme)		animal	
	+ raisonnement		
logos			animal raisonnable

1. *Cf.* Sextus Empiricus, *Adversus mathematicos*, IX, 81 et Philon, *Quod Deus sit immutabilis*, 35 et *Allégorie des Lois*, II, 22.
2. *Cf.* Philon, *Allégorie des Lois*, II, 22-23.

Plotin pouvait retenir cette idée d'une continuité dynamique entre les divers degrés, assurée par un unique principe, tout en ne gardant évidemment pas l'explication matérialiste stoïcienne de la diversification d'un même *pneuma*. Par ailleurs Plotin inverse cette diversification envisagée de manière ascendante en une dégradation d'une unique réalité qui est principe, mais qui d'abord est considérée comme l'unique fin à laquelle tout, dès le degré inférieur, aspire. Apparemment, Plotin accentue le paradoxe en descendant jusqu'à la terre, incluant le minéral qui ne relève que de la cohésion et structuration de l'*hexis* et n'est donc pas vivant, mais en fait, le cas de la terre manifeste de façon plus serrée la continuité entre minéral et végétal, entre non vivant et vivant. Les produits et fruits qui viennent de la terre sont aussi bien des minéraux que des végétaux qui, en tant qu'ils restent attachés à la terre et peuvent croître, vivent sous le régime d'une *phusis* qui est celle de la terre. Si une pierre à la surface de la terre, un arbre déraciné ou un morceau de bois coupé de l'arbre ne sont pas vivants[1] et n'ont plus qu'une *hexis*, au sein de la terre ou enracinés en elle, ils sont animés par une *phusis*. Cette conception n'est pas nouvelle et semble largement partagée comme en témoigne Sénèque[2] : pour la plupart des auteurs, la terre n'est pas sans « souffle » (*spiritus*), pas seulement un souffle qui assure sa cohésion (et se trouve même dans les pierres et les corps morts), mais aussi un souffle vital (*vitalis et vegetus*) et elle est remplie d'âme (*anima*) qui engendre et alimente quantité d'êtres variés. On retrouve cette affirmation d'une *phusis* de la terre en *38* [VI, 7], 11, 24-32[3] : « La croissance des pierres et leurs modelages, la formation des montagnes, qui s'élèvent sous une poussée (*anaphuomai*) intérieure est produit par une raison animée (*logos empsuchos*). [...] Et c'est là la forme productrice de la terre qui est telle que ce que, pour les arbres, on appelle principe de croissance (*phusis*) : ce que nous appelons terre est analogue au tronc de l'arbre. Et lorsqu'une pierre est détachée de la terre, c'est comme si quelque chose était séparé de l'arbre. Si elle ne subit pas cette coupure, mais qu'elle reste encore attachée à la terre, c'est comme un rameau qui n'est pas

1. Philon (*Quod Deus sit immutabilis*, 35) illustre la cohésion (*hexis*) par l'exemple des pierres et des morceaux de bois arrachés à l'arbre.

2. *Questions naturelles*, VI, 16, 1.

3. *Cf.* aussi *28* [IV, 4], 22, 1-24 et 27, 1-18.

séparé de la plante vivante.[1] » Relèvent donc de la *phusis* la croissance et le modelage des corps des minéraux dans la terre aussi bien que celui des corps des végétaux et des animaux.

Le paradoxe se resserre maintenant sur le rapport que peut avoir la *phusis* ainsi définie avec la contemplation : « et comment la nature, que l'on dit être privée de représentation et de raisonnement, possède-t-elle en elle la contemplation et produit-elle ce qu'elle produit par une contemplation qu'elle ne possède pas ? (**1, 21-24**) ». Dans le schéma stoïcien, le critère qui distingue nature (*phusis*) et âme (*psuchê*) est la faculté de représentation (*phantasia*). Comment la contemplation, qui est considérée comme l'activité la plus éminente de l'homme, animal rationnel, peut-elle concerner une *phusis a fortiori* privée de la représentation (*aphantastos*) qu'on n'accorde qu'aux animaux doués d'une âme et qui est une condition préalable nécessaire à l'exercice du raisonnement ? Plotin ne conteste pas que la *phusis* est privée de raisonnement, mais en ce qui concerne la représentation, sa position est plus subtile : il dit bien en *28* [IV, 4], 13, 11 que « la nature n'a pas de représentation », mais, en *26* [III, 6], 4, 23, il parle d'une sorte d'« opinion obscure », de « représentation indistincte » présente dans la partie inférieure de l'âme qui ressemble « à l'activité, inhérente à ce qu'on appelle la nature », selon laquelle elle produit toute chose, comme on dit, sans représentation (*aphantastôs*) ». En tout cas le critère de la représentation ne permet pas de distinguer aussi nettement que le voudraient les stoïciens nature et âme et dans la suite du traité (**4, 14-15**) Plotin affirmera que la nature est une âme.

Plotin va maintenant répondre à l'objection en montrant que la nature n'a pas besoin de raisonnement ni de représentation, pour produire : elle produit simplement en contemplant à sa manière un modèle.

2. *La nature n'utilise pas d'instruments pour produire* (**2, 1-9**)

Plotin va donc répondre à cette objection qui, trop influencée par le modèle artisanal, nie la possibilité pour la nature, privée de représentation et de raisonnement, de contempler et donc de produire

1. Traduction P. Hadot, *Traité 38*, légèrement modifiée.

par contemplation, en commençant par contester l'adéquation de ce modèle à la production naturelle. L'artisan humain utilise des instruments, et cette utilisation implique nécessairement représentation et raisonnement. Mais, même pour un anthropomorphisme des plus grossiers, il est évident que la nature, à la différence des artisans (cf. *31* [V, 8], 7, 11) n'utilise « ni mains ni pieds ni quelque instrument artificiel ou naturel », elle n'a besoin que d'une matière à informer (**2, 1-3**). À la notion d'instrument est associée celle de poussée. On trouve en *5* [V, 9], 6, 20-25 un parallèle suggestif pour notre passage : « Certains appellent "*phusis*" cette force qui est dans les semences, qui s'élançant de là-haut à partir des choses qui sont avant elle, comme une lumière d'un feu, a illuminé et informé la matière, sans exercer de poussée (*ôthein*) ni user de ces fameux jeux de leviers (*mochleia*), mais en donnant quelque chose de ses raisons ». Plotin reprend ici ces termes : « Il faut aussi écarter tout usage de leviers (*mochleuein*) dans la production de la nature (**2, 4-5**). Il semble que Plotin mette ici à profit une critique épicurienne, ironisant sur la conception anthropomorphique et mécanicienne du démiurge platonicien, tout à fait du genre de celle que Cicéron prête à son Velleius (*De natura deorum*, I, 19) : « Quelle impulsion (*molitio*), quels outils de fer, quels leviers (*vectes*), quelles machines, quels exécutants y eut-il pour une telle tâche? Comment l'air, le feu, l'eau et la terre purent-ils obéir et se soumettre à la volonté de l'architecte? Et d'où sont venues ces cinq figures, dont tout le reste est formé, tombant bien à propos pour affecter l'âme et engendrer les sensations? ». Cette critique épicurienne discrédite d'abord une conception anthropomorphique d'un démiurge qui opérerait sur un mode mécaniste (où l'artisan doit forcer une matière qui résiste) et balaie ensuite tout le processus de la génération, à partir des cinq polyèdres platoniciens, de tous les corps ainsi que des diverses affections et sensations qu'ils peuvent produire dans l'âme (*Timée* 53 c– 68 d).

Tout cela semble condensé dans la question de Plotin : « Quel genre de poussée, quel jeu de leviers pourrait produire des couleurs bigarrées et aussi des figures de toute sorte? » (**2, 5-6**). Cependant l'ironie n'est bien sûr plus dirigée contre Platon, mais contre un arrière-plan interprétatif associant ridiculement mécanisme qu'il présuppose et anthropomorphisme qu'il dénonce. C'est ce que montre bien la référence[1] aux « modeleurs de cire (*kêroplastai*) » : « Car même les modeleurs de cire, que d'aucuns avaient sans doute en vue quand ils ont cru que c'était de cette manière-là qu'opérait l'activité démiurgique de la nature, ne peuvent produire de couleurs, s'ils ne vont chercher ailleurs ces couleurs pour les appliquer sur leurs productions (**2, 6-9**) ». Nous avons signalé dans l'introduction que nous avions là l'unique emploi dans les *Ennéades* du mot *kêroplastês* de *Timée*, qui désigne le dieu qui façonne le corps humain et, qui plus est, a réfléchi (*dianoêtheis*) avant de réaliser son travail. L'insistance sur les « couleurs (bigarrées) » (**2, 5**), reprises deux fois dans les lignes suivantes (**2, 7** et **8**), affirmant l'impossibilité pour des artisans humains de produire eux-mêmes les couleurs suggère fortement que Plotin a en tête le passage du *Timée* (68 c 8 – d) achevant l'exposé de la production des couleurs :

> Quant aux autres couleurs qui naissent de celles-là, il est facile de voir, par analogie, à l'aide de quels mélanges on peut les expliquer en sauvegardant la vraisemblance. Pourtant si l'on voulait contrôler tout cela par l'expérience, c'est qu'on méconnaîtrait la différence de la nature humaine et de la nature divine. Car seul un Dieu sait bien comme on peut mêler en un même tout, pour les dissocier ensuite, des éléments divers, et seul il est aussi capable de le faire. Mais nul homme n'est actuellement capable de faire ni l'un ni l'autre, ni sans doute ne le sera jamais à l'avenir.

La lecture de ces lignes aurait dû suffire à mettre en garde ceux qui ne savent pas lire le *Timée* comme un mythe vraisemblable et écrase la démiurgie divine sur la production artisanale, pour en rire ou pour y voir quelque intuition du plasmateur de la Genèse.

3. *Les arts ont besoin d'un principe immobile, à plus forte raison la nature* (**2, 9-19**)

Si l'analogie de l'activité artisanale ou artistique a pu abuser certains, il est cependant une vérité sur laquelle cette analogie aurait pu les instruire : déjà dans l'activité artisanale il faut que l'artiste ait en lui

1. Notons que, dans un tout autre contexte, pour critiquer une conception trop matérialiste de la sensation, *27* [IV, 3], 26, 30 associe poussée (*ôthismos*) et empreinte dans de la cire (*kêros*).

quelque chose d'immobile, le modèle qui dirige la production par ses mains (**2, 9-12**) ; si celle-ci implique un mouvement corporel et peut subir telle ou telle contingence, selon Plotin, elle ne rétroagit en aucune façon sur le modèle qui lui est totalement antérieur et transcendant. Le premier chapitre du traité suivant de la tétralogie, opposant un bloc de pierre informe et un autre travaillé par l'art, explicite cette conception de l'art à l'arrière-plan de la fin de notre chapitre 2 : « Celui qui est parvenu à la beauté de la forme grâce au travail de l'art nous paraitra beau, non pas du fait d'être pierre – car l'autre aussi serait belle de la même manière – mais en vertu de la forme que l'art a introduite en elle. Cette forme donc, la matière ne la possédait pas, mais elle existait dans celui qui l'a conçue avant même de venir dans la pierre ; et elle existait dans l'artisan, non pas dans la mesure où il avait des yeux ou des mains, mais parce qu'il participait à l'art. Elle existait donc dans l'art, cette beauté bien supérieure ; en effet, ce n'est pas la beauté existant dans l'art, qui est venue dans la pierre : non, celle-là demeure immobile, tandis qu'une autre vient de lui [l'art], inférieure à la première. Et pas même cette beauté-ci n'est demeurée pure dans la pierre ni telle que l'artiste le voulait : elle l'est demeuré seulement pour autant que la pierre a cédé à l'art » (*31* [V, 8], 1, 11-22) [1].

Nous pouvons mettre en parallèle les deux textes :

31 [V, 8], 1	*30* [III, 8], 2		
ART	ART		NATURE
Beauté immobile		Principe immobile	
Travail du sculpteur	Travail		
yeux et mains	mains		sans mains
	mouvement		sans mouvement
	mécanique		sans mécanique
beauté			raison
dans la matière	matière		dans la matière

1. Traduction A. L. Darras-Worms, *Traité 31*.

Pour Plotin, l'artiste possède en lui la forme qui donnera sa beauté à l'œuvre[1], indépendamment de l'acuité de ses yeux et de l'habileté de ses mains qui n'interviennent que secondairement dans le travail d'introduction dans la matière, non pas de cette forme elle-même qui reste immobile en son esprit, mais d'une forme inférieure en quelque sorte mimée par les mains et qui à son tour va se dégrader dans une matière qui résiste.

Ainsi ne faut-il pas survaloriser les aspects mécaniques de la production humaine. Avec ou sans les mains, c'est l'immobilité du modèle, et la transcendance de ce modèle, que doit avant tout suggérer l'analogie quand on remonte de l'artiste à la nature (**2, 13-15**) : « là aussi la puissance qui produit sans l'aide des mains doit demeurer immobile et toute entière immobile ». Mais l'insistance sur l'immobilité du modèle conduit en même temps à l'immobilité de l'agent de la production si l'on épure l'analogie de ses aspects anthropomorphiques : au lieu d'un modèle immobile présent dans l'artiste qui produit avec ses mains, dans le cas de la nature, modèle et agent sont une seule et même « puissance (*dunamis*) qui produit sans l'aide des mains », puissance active dont l'efficience est immédiate (sans travail manuel, sans instruments, sans délibération), et l'immobilité totale.

L'immobilité de la nature ne doit pas se concevoir comme la fixité impliquée dans un mécanisme complexe : « elle n'a certes pas besoin d'avoir des parties immobiles et d'autres en mouvement (**2, 15-16**) ». Plotin songe encore aux « fameux leviers » et sans doute aussi aux articulations des membres que décrivait Aristote au début de son traité *Du mouvement des animaux* (698 a 15 – b 7) en observant la nécessité à l'intérieur de l'organisme, d'un point fixe relatif à chaque ensemble mobile et, à l'extérieur, d'un point d'appui immobile (la terre par exemple). Et même si on envisageait un tel mécanisme moteur, la nature ne serait que le point fixe extérieur au mécanisme et donc seulement l'origine immobile du mouvement qui n'affecterait que la matière qui lui est extérieure : « c'est la matière qui est en mouvement, tandis qu'il n'y a rien d'elle qui soit en mouvement ou alors cela ne sera pas ce qui

1. *Cf.* Aristote, *Métaphysique*, VII, 7, 1032 a 32 : « Quant aux productions de l'art, ce sont celles dont la forme (*eidos*) est dans l'âme de l'artiste » ; VII, 9, 1034 a 22 : « la maison vient de la maison qui est dans l'intellect, car l'art, c'est la forme ».

meut d'une manière première, et la nature ne sera pas non plus cette partie, mais ce qui est immobile dans cet ensemble (**2, 16-19**) ».

L'expression « ce qui meut d'une manière première » ne doit pas trop vite faire penser au premier moteur immobile d'Aristote : la nature n'est moteur premier que relativement aux corps qu'elle met en mouvement et elle n'est immobile que relativement au mouvement qu'elle produit comme le précise le texte suivant : « La puissance végétative, lorsqu'elle fait pousser, ne pousse pas, et lorsqu'elle fait croître, ne croît pas et, d'une manière générale, lorsqu'elle meut, elle n'est pas mue du mouvement qu'elle meut, mais soit elle n'est absolument pas mue, soit c'est un autre mode de mouvement ou d'acte. L'essence de la forme doit être acte et agir par sa seule présence, comme l'harmonie, par elle-même, meut les cordes » (*26* [III, 6], 4, 38-43). L'analogie avec l'harmonie est éclairante : ce n'est pas la vibration d'une corde qui fait vibrer mécaniquement d'autres cordes, puisqu'elles ne vibrent pas si elles ne sont pas accordées, mais la présence d'une harmonie immobile et immatérielle.

4. *La nature est raison parce qu'elle est immobile* (**2, 19-34**)

À l'affirmation de cette immobilité comme caractéristique de la nature, Plotin introduit une objection : « Certes la raison est immobile, mais la nature est différente de la raison et elle est en mouvement » (**2, 19-20**). À la suite de Igal et Cilento, on a vu là une objection que pourrait faire un stoïcien. Il est vrai qu'un stoïcien ne saurait admettre que la nature soit immobile, mais il paraît fort improbable qu'il affirmerait, comme le fait l'objectant, l'immobilité de la raison, si l'on en croit le témoignage de Simplicius (*Commentaire sur la* Physique *d'Aristote*, 420, 1-12) qui prête aux stoïciens la doctrine que tout ce qui meut (et la raison est pour eux un moteur qui modèle la matière) est lui-même mû. Il semble plutôt que Plotin prête cette objection à l'un de ses disciples, qui connaît l'association que fait le maître entre raison et nature, comme en *5* [V, 9], 6, 18-20 : La raison est identique à l'âme génératrice qu'on appelle « nature » et qui, comme l'affirme la suite du passage cité plus haut, agit sans poussée ni leviers. Ce disciple, s'il est convaincu de l'immobilité de la raison (entendue comme forme qui ne change pas) interne à la nature, peut encore avoir du mal à considérer la nature autrement que comme un processus de croissance engagé mécaniquement dans la matière.

La réponse de Plotin se fait sous la forme d'un dilemme qui présuppose que l'objectant admet que la raison immobile est une partie de la nature :

- soit la nature se meut toute entière : en ce cas la raison, qui fait partie de la nature, se meut avec elle et donc la raison n'est pas immobile
- soit la nature ne se meut pas toute entière : en ce cas il y a une partie de la nature qui est immobile, et c'est précisément la raison.

En fait, l'objection imaginée par Plotin a permis d'introduire la notion de raison : il ne faut pas opposer raison et nature, mais concevoir la nature, dans son immobilité qui transcende le mouvement qu'elle induit dans la matière, justement comme raison, à la fois forme immobile qui définit l'essence de tel ou tel être et moteur immobile qui meut la matière qu'elle informe.

Cette nature immobile, reprend Plotin, doit en effet être forme (séparée) et non un composé de matière et de forme (**2, 22-23**), puisque, comme il l'a dit plus haut (**2, 16**), c'est la matière qui est en mouvement. Elle n'a pas besoin, pour opérer, de comporter elle-même une matière douée de certaines qualités qui expliqueraient le mécanisme de son action : « Qu'a-t-elle besoin d'une matière chaude ou froide ? ». Plotin s'oppose ici à la conception stoïcienne d'un *pneuma*, conçu comme une matière active pourvue de qualités [1] (chaud / froid, sec / humide), qui agit différemment selon que prédomine en lui telle ou telle de ces qualités. Pour Plotin la nature n'a pas besoin d'avoir en elle une matière qui supporterait la qualité qu'elle communiquerait à la matière. La qualité ne descend pas de la nature dans la matière : elle est inhérente à tel substrat matériel qui est façonné, s'il est déjà qualifié, et, s'il ne l'est pas encore, elle se produit en lui, sous le seul effet d'une raison (**2, 23-25**).

1. *Cf.* Galien, *Commentaires aux Épidémies 6 d'Hippocrate*, Kühn, 17 b, p. 250, 1-5.

La phrase suivante illustre et éclaire le processus : « Ce n'est pas du feu qui doit venir s'ajouter pour que la matière devienne feu, mais une raison » (**2, 25-27**). Ce n'est pas du feu, c'est-à-dire une matière informée par la raison du feu, qui se propage mécaniquement et communique horizontalement, de corps à corps, ses qualités à une matière pour la transformer en feu, mais c'est la raison du feu, immobile, qui informe d'en haut cette matière. En *38* [VI 7], 11, 36-44, une démonstration de la présence dans le vivant total (Intellect) des raisons non seulement de tous les animaux, mais aussi des plantes et des éléments, s'achève avec un développement sur le feu propre à éclairer la suite des idées dans notre passage : « si ce qui produit le feu en lui donnant forme doit agir selon une raison, que peut-il être d'autre qu'une âme, qui est capable de produire le feu, c'est-à-dire à la fois une vie et une raison, les deux étant une seule et même chose ? (41-44) [1] ».

Ainsi, au même titre que la plante ou l'animal, le feu sensible est un être vivant, produit et animé par une raison « psychique » (ultimement image d'une forme noétique). Ici le cas du feu devient une « indication non négligeable » (**2, 27**) de ce qui se passe *a fortiori* pour les animaux et les plantes : dans tous les cas, « ce sont les raisons qui sont productrices et la nature est une raison qui produit une autre raison, son rejeton, qui donne quelque chose au substrat, tout en demeurant elle-même immobile (**2, 28-30**) ».

De même que ce n'est pas un feu qui est producteur d'un feu, mais la raison du feu qui est productrice d'un feu, ce n'est pas un chêne qui produit un chêne ou un cheval qui produit un cheval, mais la raison du chêne ou la raison du cheval et plus globalement la raison qui est nature qui produit. Mais cette raison demeure immobile et ne descend pas elle-même dans la matière qu'elle informe : elle donne au substrat matériel son rejeton, c'est-à-dire une autre raison qui est son image, un reflet affaibli d'elle-même qui est la structure visible du corps : « Donc cette raison qui correspond à la forme visible du corps est la dernière raison, désormais sans vie, qui ne peut plus en produire une autre (**2, 30-32**) ». Cette raison, ultime reflet de la raison qui au plus haut degré est l'expression dans l'âme de la forme intelligible, est donc sans vie et par là-même stérile, incapable de produire, comme les raisons antérieures,

1. Traduction P. Hadot, *Traité 38.*

une autre raison. Elle correspond à la « cohésion » des stoïciens : s'il n'y avait qu'elle, la branche de l'arbre ne serait qu'un bout de bois, les os d'un corps animal qu'ossements de cadavre, « quelque chose de mort mis en ordre (*12* [II, 4], 5, 18) ». La fin de la phrase oppose cette raison « morte » à une autre raison qui possède la vie : « tandis que la raison qui possède la vie, celle qui est la sœur (*adelphos*) de ce qui produit la forme visible du corps, produit dans ce qui est engendré cette même puissance de vie qu'elle possède elle-même (**2, 32-34**) ». La traduction et l'interprétation du passage présentent quelques difficultés : la plupart des traducteurs (Bréhier, Harder, Armstrong) comprennent que « ce qui produit la forme visible du corps » est la raison sans vie, que c'est la raison sans vie et la raison vivante qui sont « sœurs » et que « la même puissance » qu'elles possèdent toutes deux est la capacité d'agir dans le corps qui est produit. En ce cas, il faudrait admettre (1) que la nature a un autre rejeton (un rejeton vivant) que le seul mentionné (le rejeton sans vie), admettre aussi (2) que c'est la raison sans vie qui produit la forme visible du corps, alors que Plotin vient d'affirmer que c'est la nature-raison qui produit, en envoyant la raison sans vie dans la matière qui, elle, est, plutôt qu'elle ne produit, la structuration du corps, accorder enfin (3) « une même puissance » à la raison sans vie et à la raison vivante et se demander peut-être encore (4) pourquoi le rejeton vivant ne produit pas une autre raison après lui.

L'interprétation de Igal est plus satisfaisante : les deux sœurs sont la raison-nature (« mayor ») et la raison sans vie (« menor »), « la même puissance » est la vie que possèdent la nature et bien sûr la sœur aînée qui est la nature; reste une petite difficulté : la sœur aînée est aussi la mère; cette difficulté tombe si, comme nous le comprenons, « ce qui produit la forme visible du corps » est la nature qui est à la fois la raison qui produit la structure du corps en y envoyant la raison sans vie et la raison-vie qui, par sa seule présence, sans descendre, produit la vie dans le corps structuré. Nous restons ainsi dans la ligne de ce que Plotin donnait comme « preuve non négligeable » de tout ce développement, la raison du feu, qui, comme il le dit en *38* [VI, 7], 11, 41-44, déjà cité, est « une âme, qui est capable de produire le feu, c'est-à-dire à la fois une vie et une raison, les deux étant une seule et même chose. »

5. *La raison est contemplation, dans la mesure où elle n'est pas action* (**3, 1-6**)

Maintenant que Plotin a montré que c'est une raison immobile qui produit les œuvres de la nature, se pose alors la question suivante : « Comment, si elle est productrice et productrice de cette manière, peut-elle avoir rapport avec une quelconque contemplation ? (**3, 1-2**) ». La question de la compatibilité entre contemplation et production et sa réponse a pour arrière-plan les réflexions d'Aristote au début du livre V, consacré aux vertus intellectuelles, de l'*Éthique à Nicomaque* (1139 a 5 – 1140 b 11). Aristote y opposait :

pensée contemplative (*theôrêtikê*) /		pensée pratique (*praktikê*) pensée productrice (*poiêtikê*)
	correspondant aux vertus intellectuelles	
science (*epistêmê*)		sagacité (*phronêsis*) technique (*technê*)
	selon le critère de leur objet	
ce qui ne peut être ou advenir autrement et donc qui ne dépend pas de nous		ce qui peut être ou advenir autrement, et donc qui dépend de nous

De ce point de vue contemplation et production paraissent incompatibles. Mais si l'on considère les implications du critère d'Aristote :

n'impliquant ni délibération, ni décision ni mouvement	impliquant délibération et décision à l'origine du mouvement de l'agent

l'immobilité de la raison productrice de la nature exclut qu'on puisse la placer dans la colonne de droite et en revanche, le contenu intelligible de cette raison la relie plutôt à une contemplation : « Ne pourrait-on pas dire plutôt, si elle produit en demeurant immobile et en demeurant immobile en elle-même et si en même temps elle est raison, qu'elle est elle-même contemplation ? (**3, 2-3**) ».

En réalité, les distinctions d'Aristote ne sont pas adéquates pour définir la production naturelle à partir du moment où la raison de la nature reste immobile : comme on l'a vu précédemment Plotin oppose plutôt, d'un côté, la *praxis* et la *poiêsis* humaines qui nécessitent un mouvement guidé par une délibération et, de l'autre, la *poiêsis* naturelle qui, comme une *theôria*, se réalise sans délibération ni mouvement. Ici encore, ce qui est mis en cause, c'est une conception trop anthropomorphique de la *poiêsis* naturelle qui voudrait lui appliquer des distinctions uniquement conçues pour décrire l'activité humaine : Aristote lui-même excluait du domaine de la technique les choses qui adviennent naturellement (et sans délibération) et « contiennent en elles-mêmes leur principe » (1140 a 15-16).

Plotin trouve une confirmation *a fortiori* du caractère contemplatif de la raison créatrice qu'est la nature dans le fait que finalement toute raison est contemplation, y compris dans le cas où la raison est reliée à l'action : « Car l'action pourrait bien se réaliser conformément à une raison (*kata logon*), puisqu'évidemment elle est différente de la raison, mais la raison elle-même, même celle qui accompagne l'action et y préside, ne saurait être action. Si donc elle n'est pas action, mais raison, elle est contemplation (**3, 3-6**) ».

Toujours dans la même section de l'*Éthique à Nicomaque* (1139 a 5 – 1140 b 11), Aristote définissait, à plusieurs reprises, aussi bien la technique (1140 a 4; 8; 21), vertu liée à la *poiêsis*, que la sagacité (1140 a 4-5; b 5), vertu liée à la *praxis*, comme « un état accompagné de raison (*meta logou*) ». Comme nous l'avons déjà constaté, Plotin néglige la distinction aristotélicienne entre *praxis* (qui ne se rapporte pas à un objet extérieur) et *poièsis* humaine (qui se rapporte à un objet extérieur) en employant *praxis* comme terme générique, pour ne retenir que leur caractéristique commune d'être « *meta logou* ». L'expression d'Aristote relayée ici par « *kata logon* » porte en elle-même le fait que la raison ne peut se confondre avec l'action : la raison, qui « accompagne l'action », qui « préside à l'action » et la conduit à sa fin, ne peut être action, parce qu'elle reste la même, immobile à intérieur de l'agent, sans être impliquée dans le déroulement de l'action, la surplombant en lui imposant sa forme, et ne peut donc être que contemplation. Bien sûr, chez Aristote, *meta logou* signifiait « avec un raisonnement » et Plotin joue sur les deux sens du mot *logos*, qui dans le cas de la nature signifie uniquement « principe rationnel formateur » (*cf.* le *logos spermatikos* des stoïciens) et dans le cas de l'action humaine peut signifier les deux, mais dans une homonymie justifiée par le fait que ces deux raisons sont bien, comme on le verra au chapitre 6, deux types de contemplation, l'une produisant nécessairement et immédiatement dans le cas de la nature, l'autre ne faisant que déployer en raisonnement un principe rationnel présent en l'âme pour l'adapter aux contingences extérieures impliquées dans l'action humaine tournée vers un objet qui dépend de nous.

On voit, dans toute cette section, comment Plotin peut utiliser les réflexions éthiques d'Aristote au service de sa propre optique ontologique, notamment en distinguant clairement le niveau contingent de l'action (et production) humaine de celui, nécessaire, de la production naturelle et divine. Pour Plotin, le vrai créateur du *Timée* est le modèle immobile et non pas un démiurge anthropomorphique.

6. *La place de la raison de la nature dans la hiérarchie des raisons* (**3, 7-10**)

Plotin avait distingué à la fin du chapitre 2 deux niveaux de raison, la raison-nature, vivante, qui produit le corps vivant et la raison sans vie, qui correspond à la forme visible du corps. Il les intègre maintenant, après avoir évoqué dans les lignes précédentes une raison de l'âme qui préside à l'action, dans une hiérarchie plus vaste. Toutes ces raisons proviennent d'une contemplation et sont contemplation. Mais Plotin souligne d'abord que la raison inférieure a un statut différent des autres : cette raison sans vie, incapable d'en produire une autre après elle, n'est contemplation que dans un sens restreint, puisqu'elle n'est que « contemplée », c'est-à-dire le résultat purement passif d'un acte de contemplation, objet d'une contemplation incapable lui-même de cet acte, tandis que les deux niveaux antérieurs de raisons sont, chacun sous un mode différent, acte de contemplation. Que la raison de l'âme soit un acte de contemplation, cela ne doit *a priori* poser problème à personne, mais qu'il y ait un autre mode de contemplation, celui de la nature, voilà qui peut susciter encore des questions.

7. *La raison de la nature est-elle vraiment elle-même contemplation ?* (**3, 10-23**)

Plotin introduit justement un dialogue avec un interlocuteur fictif qui, tout en reconnaissant bien sûr, comme tout le monde, le lien entre âme et contemplation, demeure perplexe quant au lien entre la raison-nature et la contemplation : « Est-il donc possible qu'elle vienne, elle aussi, d'une contemplation ? » (**3, 10**). Plotin se contente de réaffirmer « Parfaitement, d'une contemplation », sans reprendre le « elle aussi » de l'interlocuteur, parce que sa perplexité vient justement du fait qu'il ne peut envisager un autre mode de contemplation que celui de la raison de l'âme et que, pour lui, la raison de la nature ne peut provenir « elle aussi » d'une contemplation que si elle contemple « elle aussi » exactement comme la raison de l'âme : « Mais l'est-elle elle aussi parce qu'elle s'est contemplée elle-même ? ou comment alors ? » (**3, 11**). L'interlocuteur envisage la contemplation de l'âme comme une auto-contemplation et sans doute, en bon disciple de Plotin, comme le reflet du pur acte de connaissance de soi de l'Intellect. Selon lui, sans cela, le logos-nature ne pourrait être, comme le logos privé de vie, que le « résultat d'une contemplation » d'un être qui, avant lui, a contemplé (**3, 12**) et la nature ne pourrait « posséder la contemplation » (**3, 13**), c'est-à-dire être sujet d'un acte de contemplation.

L'objection amène Plotin à distinguer la contemplation que possède la nature, la *theôria* intuitive, et celle qui « qui résulte d'un raisonnement (*ek logou*) » (**3, 13-14**), la *theôria* discursive. Le nom et le verbe (*theôrein*) sont couramment employés pour désigner une recherche philosophique sur une question et par Plotin lui-même, comme en *20* [I, 3], 6, 2 et 5 : la philosophie, en s'aidant de la dialectique, fait des études (*theôrein*) sur la nature, sur l'éthique. L'objecteur risque de confondre les deux types de *theôria* en même temps que les deux sens de *logos*. L'expression *ek logou* reste ambiguë, sans doute sciemment, comme pour manifester ce risque, chez l'interlocuteur, de confusion entre *logos* formateur de la nature et *logos* discursif de l'âme, mais Plotin lève immédiatement l'ambiguïté avec le verbe *skopeisthai* (employé comme synonyme de *theôrein* par Aristote en *Physique*, III, 5, 204 b 10 et *Du ciel*, I, 6, 274 a 20) : il veut dire par là « le fait de se livrer à une recherche (*skopeisthai*) sur ce qui est en elle » (**3, 14**). Plotin exclut donc pour la nature ce type de *logos* et de *theôria.*

Surgit alors une autre objection : « Pourquoi donc puisqu'elle est une vie, une raison, une puissance productrice? (**3, 14-15**) ». Les caractéristiques que le maître vient justement d'attribuer à la nature pouvaient bien laisser croire que la nature est en mesure de pratiquer, elle aussi, comme l'âme, une *theôria* discursive sur ce qui est en elle : pourquoi donc l'en priver? Plotin répond (**3, 15-16**) que la nature possède toujours, ce que l'âme discursive ne fait que rechercher, parce qu'elle ne possède plus ou pas encore, c'est-à-dire quand elle ne contemple plus ou pas encore, comme il le dira en **6, 21-30**. Ce n'est pas tant que la nature serait incapable de pensée discursive, elle n'en a pas même besoin. Pour distinguer âme discursive et nature, Plotin recourt à l'opposition « rechercher » / « posséder » ou « avoir besoin » / « ne pas avoir besoin » face à des interlocuteurs qui ont souvent la tentation de présumer qu'une absence de pensée discursive est un manque, alors qu'elle est au contraire la marque d'une possession immédiate, spontanée et unifiée.

En réalité, c'est le raisonnement humain qui, après une recherche, peut seulement découvrir ce que la nature possède déjà sans aucun raisonnement, comme l'affirme Plotin en *43* [VI, 2], 21, 35-37, à propos des raisons qui produisent les êtres vivants : « tout ce que le raisonnement le plus rigoureux pourrait raisonner de plus parfait, se trouve dans les raisons avant tout raisonnement »; il faut noter que cette affirmation du *Traité 43* s'inscrit dans un développement consacré à l'Intellect qui possède tous les intelligibles sans aucun raisonnement, même si l'on pourrait croire également qu'il est un « intellect qui a fini de raisonner » (*nous lelogismenos*, 34). C'est encore là notre anthropomorphisme qui projette du raisonnement en dessous comme au-dessus de nous, mais l'homme est l'exception, non la règle.

La règle, qui vaut pour tous les niveaux, Intellect, âme du monde et nature, est celle de la solidarité immédiate de la sagesse et de l'essence : l'être possède une sagesse immédiatement présente en lui qui produit sans raisonnement et la non-discursivité apparaît comme le critère même de la sagesse. Ce *leimotiv* est très lié au contexte antignostique et vise le démiurge raisonneur de la Genèse : il est particulièrement insistant, non seulement dans le traité suivant de la tétralogie (*31* [V, 8]), mais aussi dans un traité de peu antérieur (*28* [IV, 4]). Pour l'Intellect, Plotin le répète en *31* [V, 8], 4, 39; 48; 5, 15 : « l'essence (*ousia*) même est sagesse (*sophia*) », en 4, 36 : « la vie est sagesse », une sagesse « qui n'a pas été procurée par des raisonnements » (4, 36-37), qui ne consiste pas en propositions (*axiomata*, 5, 20) et qui, à l'instar des hiéroglyphes égyptiens (6, 1-5), ne parcourt pas de discours (*logoi*) et de prémisses (*protaseis*), n'use pas de proférations de propositions (*prophoras axiomatôn*). C'est de cette sagesse substantielle que procède la sagesse de l'âme du monde, puis celle de la nature, image de cette dernière qui, à des degrés inférieurs corrélativement d'être et de sagesse, restent pourtant une sagesse de l'être, longuement décrite en *28* [IV, 4], 10-14 – sans raisonnements, sans hésitations ni perplexités (*aporia*), sans représentation ni mémoire ni projet, et sans fatigue.

On peut maintenant mieux comprendre le passage quelque peu elliptique de notre traité : « Mais la nature possède, et c'est justement parce qu'elle possède qu'elle produit. Pour elle, être ce qu'elle est, c'est produire et aussi loin que s'étende son être, tout cela c'est "ce qui produit" (**3, 16-18**) ». C'est parce qu'elle ne cherche pas, mais possède, c'est-à-dire se contente d'être ce qu'elle est, qu'elle n'a nul besoin de sortir d'elle-même et de faire quelque chose d'autre pour produire ce qui n'est qu'une réplique immédiate de ce qu'elle est. Sa production est coextensive et pour ainsi dire consubstantielle à son être. Mais comme, par ailleurs, être pour elle, du fait même de son origine, c'est être une raison et donc « être contemplation et objet de contemplation », Plotin peut déduire, par simple substitution : « c'est par le fait qu'elle est contemplation, objet de contemplation et raison, précisément par cela, qu'elle produit dans la mesure même où elle est ces choses (**3, 19-20**) » et conclure : « Ainsi donc, la production s'est révélée à nous comme une contemplation. Car elle est le résultat d'une contemplation qui demeure contemplation, sans rien faire d'autre, mais qui produit par le fait même qu'elle est contemplation (**3, 20-23**). »

8. *Prosopopée de la nature* (**4, 1-14**)

Nous avons resitué, dans notre introduction, cette prosopopée de la nature dans le cadre d'une polémique encore souriante qui selon nous caractérise ce premier traité de la tétralogie antignostique. Plotin s'évertue à faire parler, malgré ses réticences, une nature certes moins bavarde que son homologue le démiurge gnostique et qui répondra à la question posée : « j'ai la passion de la mère », évoquant en ces termes gnostiques un type de production tout opposée, le silence créateur de la pure contemplation.

Plotin souligne ici que la nature qui, comme on l'a vu, produit sans instruments et sans projet délibéré, produit sans parole et répugne à expliquer cette production sans parole ni action qu'il vaudrait mieux comprendre en silence. C'est seulement une âme discursive humaine qui voudrait, au lieu de la saisir intuitivement dans un regard silencieux, voir traduite en parole une production où la discursivité n'a pas de place et ne ferait que la trahir : « il ne fallait pas me poser la question, mais plutôt comprendre soi-même en silence, comme moi qui garde le silence et n'ai pas l'habitude de parler » (**4, 3-4**). Si la nature évoque par trois fois en trois lignes le silence, ce n'est que pour revendiquer pour elle-même une caractéristique valable à tous les degrés de la réalité, depuis le Bien jusqu'à la matière, à l'exception de l'homme. Plotin dira plus loin que la contemplation de la nature est « sans bruit » (**4, 28**), que l'âme produit « sans bruit » (**5, 26**) et utilisera le même mot pour le monde intelligible dans le traité suivant de la tétralogie (*31* [V, 8], 7, 24) ; il parlait aussi de la « marche sans bruit » de l'univers en *28* [IV, 4], 45, 28.

Il ne fallait donc pas poser la question « Pourquoi la nature produit-elle », mais comprendre en silence. La nature ne répond pas tant à la question qu'elle en montre le caractère oiseux (voire gnostique) : elle n'a justement pas de raison de produire, elle produit « naturellement » (**4, 5**) un objet de contemplation (**4, 6**), parce qu'elle a été elle-même »produite par une contemplation » (**4, 6**) et qu'elle a une nature amoureuse de contemplation » (**4, 7**). Ce qu'elle produit n'est pour elle que le simple accomplissement de son désir naturel de contemplation qui se donne un objet à voir : « c'est ce qui en moi contemple qui produit un objet de contemplation (**4, 7-8**) ». C'est d'ailleurs chez elle un trait atavique si l'on se souvient que pour l'Intellect, c'est un désir de voir, un regard pré-noétique qui produit ses objets intelligibles. Mais dans le cas de la nature, l'objet de contemplation produit ne lui est pas exactement immanent et c'est ce que la comparaison avec les géomètres qui dessinent en contemplant (**4, 8**) peut faire comprendre. La comparaison entre la nature et les géomètres s'inscrit dans la tradition du *Timée* (53 c – 55 c) : la production du monde sensible se fait sous le mode géométrique et le Dieu « dessine » (55 c 6). Mais plus précisément, ces géomètres de Plotin font penser à deux passages de la *République*, 527 a-b, où sont critiqués ceux qui « manient » la géométrie et la décrivent en termes de « pratique » (*praxis*), alors que la géométrie n'a en vue que la connaissance (*gnôsis*), et 510 d-e, où les véritables géomètres se servent des figures visibles qu'ils modèlent ou tracent, sans s'intéresser à ces figures elles-mêmes mais en s'en servant, comme d'images, pour voir leur modèles de là-haut, modèles qu'on ne voit que par la pensée. Le tracé des lignes de ces géomètres théoriciens a origine dans la contemplation des figures intelligibles[1] et n'a pas d'autre fin que de mieux contempler ces figures : sa visée n'est pas de produire sur le sable ces lignes qu'il effacera bien vite quand elles ne seront plus qu'une simple copie désormais inutile. En cela, il se distingue de l'artiste qui se propose pour fin de produire une œuvre pérenne, idole sensible d'un modèle intelligible, et ne songerait pas à annihiler, une fois réalisé, l'ouvrage de ses mains et de sa *praxis*. Donc chez le géomètre, aucune volonté de produire un objet sensible et une *praxis* exténuée et fugitive. Sans doute, c'est sa main qui trace, mais sans qu'une dextérité particulière soit nécessaire et, à la rigueur, un tracé mental suffirait.

On voit comment la comparaison du géomètre est une bien meilleure approximation que celle de l'artiste ou artisan du chapitre 2 : il ne cherche rien d'autre que la contemplation des figures éternelles, qu'il copie seulement, sans se laisser distraire du modèle, sans volonté d'inventer, de produire quelque chose d'autre, sans délibération, sans se

1. En cela, le géomètre, qui n'imite aucune figure sensible, se distingue d'artistes comme Praxitèle qui imitait un unique modèle sensible ou Zeuxis qui en utilisait plusieurs et se rapproche de Phidias « qui produisit son Zeus sans se référer à aucun modèle sensible » (*31* [V, 8], 2, 39).

soucier d'un savoir-faire technique, d'instruments appropriés au travail des matériaux, avec pour toute *praxis* que le tracé d'un doigt sur le sable.

Reste à enlever le doigt : « Mais moi je ne dessine pas, je contemple seulement, et les lignes se réalisent comme si elles étaient projetées (*ekpiptein*) » (**4, 9-10**). La nature ne fait que contempler, regarder les formes qui sont en elle et, sans la moindre *praxis*, les lignes des corps viennent à l'existence. On pourrait traduire *ekpiptein* par « comme si elles tombaient (de moi) », en retrouvant ici le processus de production décrit généralement par Plotin comme l'écoulement d'une énergie à un niveau inférieur, sans que la réalité supérieure ne se meuve. Mais le verbe *ekpiptein*, correspondant au passif de *ekballein* (« tirer une ligne »), dans notre contexte, garde tout son sens géométrique (*cf.* Archimède, *Des spirales*, II, 35, 3), et plus spécifiquement optique, comme dans le passage des *Météoriques* (III, 378 b 21-22) d'Aristote sur l'arc-en-ciel : « à partir du point K, les lignes se projettent (*ekpiptein*) selon un cône » (Alexandre précise dans son commentaire que le point K est l'*opsis*, l'œil de l'observateur). Cet emploi suggère plus précisément que c'est le regard même de la nature qui, comme une sorte de lumière, projette sur un plan inférieur ce qu'il voit en elle.

Ce processus de production par contemplation des lignes des corps est tout à fait « naturel », impliqué dès l'origine même de la nature (*cf.* **4, 5-7**) et réplique le processus des générations supérieures : « Moi aussi, de ma mère et de ceux qui m'ont engendrée, j'ai la passion » (*4*, 10-11). Nous avons vu comment Plotin pouvait jouer dans une polyphonie ironique avec la thèse gnostique de la « passion de la Mère », la déchéance dramatique de l'éon Sagesse-Achamoth à l'origine de la production du monde sensible. Mais justement cette « passion » de la nature n'est pas un accident, c'est la contemplation qu'elle tient de sa mère, l'Âme supérieure et de « ceux qui m'ont engendrée », expression reprise par un démonstratif masculin, et identifié comme raisons dans la phrase suivante (**4, 11-14**). On peut préciser la relation entre l'âme et ces raisons à l'aide du texte suivant : « elle [l'âme] est elle-même une raison et une somme de raisons; les raisons sont l'acte de l'âme quand elle agit selon son essence » (*43* [VI, 2], 5, 12-14).

Indépendamment du jeu antignostique, le mot *pathos* n'est pas mal choisi pour évoquer une génération sans *praxis* de la part de ses générateurs : « ma naissance se fait sans qu'ils n'aient agi en rien » (**4, 12-13**). Eux aussi, comme la nature, « viennent d'une contemplation » (**4, 12**), puisqu'ils dérivent de l'autocontemplation des formes intelligibles qui constituent l'Intellect, et la nature, en produisant les figures sensibles, ne fait qu'imiter, sans rien faire d'autre (*cf.* **3, 22**) à un degré inférieur son propre mode de génération : « c'est parce qu'ils sont des raisons supérieures et qu'ils se contemplent eux-mêmes que moi, j'ai été engendrée » (**4, 13-14**). Donc, depuis l'Intellect jusqu'aux figures des corps sensibles, c'est toujours une contemplation qui produit, sans agir, une autre contemplation qui imite la précédente, mais dans le cas des raisons dont l'âme supérieure est la première à se remplir dans sa contemplation de l'Intellect (cf. *20* [I, 3], 18, 9-21), Plotin précise qu'il s'agit d'une contemplation de soi, parce qu'elle vient immédiatement après celle de l'Intellect alors qu'il ne le dit pas explicitement pour la nature qui sans doute se contemple aussi elle-même, mais avec une identité sujet-objet déjà fort distendue à ce troisième degré.

9. *Explication de la prosopopée : la nature voit confusément en elle-même l'objet de sa contemplation affaiblie* (4, 15-31)

Plotin fait suivre la prosopopée d'une explication qui tient essentiellement en une longue phrase (**4, 14-22**) dont on peut d'abord isoler l'affirmation principale : « elle [la nature] voit ce qui est après elle, autant qu'il lui est possible, et elle ne cherche rien de plus, du moment qu'elle a réalisé un objet de contemplation splendide et gracieux (**4, 20-22**) ». La nature voit donc « ce qui est après elle », c'est-à-dire, en première approximation, les lignes projetées vers le sensible de la prosopopée, et « elle ne cherche rien de plus » parce qu'elle a été comblée par la vue de cette réalisation d'un magnifique objet de contemplation. C'est donc bien la vue de quelque chose qui comble ici une nature « amoureuse de contemplation » (*cf.* **4, 7**), mais ce quelque chose n'est pas tant le bel objet réalisé que la réalisation même de ce bel objet.

On peut alors revenir sur la réserve « autant qu'il lui est possible » : la nature évidemment ne pourra jamais voir (et ne le cherchera jamais), contingentes et incarnées dans le sensible, les belles lignes qui se projettent à partir d'elle, mais elle les a vues en elle, encore éternelles et immatérielles et pour ainsi dire ponctuelles, se projeter en lignes à partir d'elle. Dans un traité peu antérieur, Plotin disait que la nature « ne connaît pas, elle produit seulement » (*28* [IV, 4], 13, 7), et il peut ajouter ici, sans se contredire, qu'elle voit qu'elle produit, « par cette conscience et perception de soi » (**4, 19-20**) sur laquelle nous allons revenir.

Le début de la phrase est constitué d'une série de participiales sur lesquelles s'appuie la conclusion donnée dans la principale. Plotin reprend d'abord, à partir de la généalogie de la prosopopée l'affirmation que le mot « nature » désigne bien une âme (ce qui pouvait être contesté) et une vie, homogène à l'âme qui l'a engendrée (**4, 14-15**), mais avec une différence de degré puisque cette âme antérieure « vit d'une vie plus puissante » (**4, 15**). Comme âme, elle possède une contemplation, mais comme âme inférieure, une contemplation d'un type particulier : elle contemple en restant « tranquille en elle-même » (**4, 16**; *cf.* 47 [III, 2], 16, 17), « elle repose (*stasa*) en ce qu'elle est » (**4, 18**). La quiétude de la nature et son repos (répété en **4, 18-19** : *têi hautês stasei*) caractérise une contemplation qui ne la fait pas sortir d'elle-même « ni vers le haut, ni, non plus, à l'inverse vers le bas » (**4, 16-17**). Cette contemplation ne comporte aucune composante extatique, comme celle de l'âme supérieure tendue vers l'Intellect ou celle de l'Intellect tendue vers l'Un et inversement elle ne se dégrade pas en une conversion vers le sensible et une *praxis* comme le fait celle de l'artiste humain.

Au « repos » de la nature est immédiatement associée « pour ainsi dire, une perception de soi (*sunaisthêsis*) » (**4, 19**) et c'est justement, on l'a dit, par cette « conscience (*sunesis*) » et « cette perception de soi » (**19-20**) qu'elle voit ce qui vient après elle.

Schroeder[1], parmi les emplois plotiniens si diversifiés (« elastic ») aux multiples niveaux de la réalité, a très exactement identifié la valeur

1. F. M. Schroeder, « Synousia, Synaisthaesis and Synesis : Presence et Dependance in the Plotinian Philosophy of Consciousness », *Aufstieg und Niedergang der römischen Welt*, Teil II : Principat, Band 36, 1 Teilband, Berlin 1987, p. 678-699. Pour notre passage, p. 690-691.

(« extraordinary »[1]) que prennent les deux termes *sunaisthêsis* et *sunesis* dans notre passage : ils désignent bien ici une perception de soi (et non pas d'autre chose), mais qui englobe une conscience de ce qu'elle génère, ou, pour reprendre les mots de la prosopopée, que des lignes se projettent à partir d'elle. La nature n'est donc pas inconsciente de son acte producteur et, dans la contemplation de soi qui est une contemplation-production, l'âme se rend compte que sa contemplation est productive.

Nous avons vu que le terme *sunaisthêsis*, précédé d'un *hoion*, puis aussitôt assimilé à *sunesis*, était introduit comme une sorte de glose commentant le repos (*stasis*) en soi dans la quiétude et qu'à la fin de la phrase, cette *sunaisthesis-sunesis* consistait en fait à ne plus rien chercher d'autre. Plotin revient donc sur l'emploi des termes *sunaisthêsis-sunesis* qui font trop oxymore avec une telle *stasis* : « Et si l'on veut lui donner une sorte de conscience ou perception (*aisthêsis*), cela ne sera pas celle dont nous parlons à propos des autres êtres ». La substitution de « perception (*aisthêsis*) » à « perception de soi (*sunaisthêsis*) » est frappante : dans le composé, ce n'est certes pas le préfixe (-*sun*) mais *aisthêsis* qui risque d'en dire trop quand on l'applique à la nature. Dans le cas de la nature, ce qu'il faut estomper, c'est la connotation cognitive habituelle du mot *sunaisthêsis*, sa composante extatique, la tension vers autre chose, l'attention à autre chose, y compris quand cet autre chose doit s'assimiler à soi-même.

Plotin propose une analogie pour illustrer la différence entre le type de *sunesis-aisthêsis* de la nature et celui des autres êtres : « ce serait comme si l'on comparait celle d'un homme endormi à celle d'un homme éveillé ». Les facultés de l'homme qui dort demeurent en puissance[2] au sens où elles ne sont sollicitées par aucun objet extérieur à lui qui les actue, mais cela ne l'empêche pas de vivre et même de rêver et voir ses rêves. Ce n'est qu'une analogie : la nature n'alterne pas

1. Cet unique emploi contraste avec les emplois en quelque sorte symétriques où ils désignent une conscience de soi d'un être reliée à son origine (*cf. 38* [VI, 7], 16, 19-22 ; *28* [IV, 4], 2, 24-32 et, selon l'interprétation de Schröder, *10* [V, 1], 7, 10-13).

2. *Cf.* Aristote, *Métaphysique* XII, 9, 1074 b 18 : si l'Intellect divin ne pense rien, « il est comme celui qui dort ».

sommeil et veille, puissance et acte, elle est en acte (*cf.* *25* [II, 5], 3, 36), sa veille est comme un sommeil.

Ce que Plotin dit de la conscience, comme endormie, que la nature a de son objet de contemplation découlait de son repos en elle-même. La phrase suivante associe de deux façons repos et contemplation : repos dans la contemplation de son objet que ne trouble aucun désir de voir aussi bien que repos en elle-même dans la production de cet objet que ne mobilise aucune *praxis*. Le repos de la contemplative est le même que le repos de la productrice et comme elle est elle-même un objet de contemplation, ce qu'elle produit n'est qu'un pur objet de contemplation que ne dénature aucune *praxis* : « Car en contemplant l'objet de sa contemplation, elle se repose, et celui-ci lui est venu parce qu'elle demeure immobile en elle-même et avec elle-même, et qu'elle est un objet de contemplation (**4, 25-27**) ».

Ce qui caractérise, en même temps que l'immobilité, cette contemplation-production de la nature, par opposition à l'action, est le silence, au sens d'absence de parole humaine, comme le disait la prosopopée. L'idée est maintenant reprise par une nouvelle expression, « sans bruit », qui inclut le bruit des choses, sans doute tout bruit inévitablement généré par une contemplation-action humaine. Sous cet aspect, la contemplation de la nature est du même type que la contemplation de l'âme supérieure (âme du monde ou âme humaine dans la pure contemplation) et de l'Intellect dont Plotin dira en **5, 25** : « c'est sans bruit que toutes choses sont déjà là ».

Mais, d'un autre côté, il y a une dégradation depuis l'âme supérieure jusqu'à la nature qui n'en est qu'un reflet affaibli : « Et c'est une contemplation sans bruit, mais plus obscure. Car il en est une différente d'elle qui possède plus de clarté pour la vision; elle, elle n'est que le reflet d'une autre contemplation (**4, 27-29**) ».

Cette dégradation est exprimée d'abord selon le critère de clarté qui caractérise une connaissance, comme on le verra en **8, 15-16** pour les différents degrés d'intellection : la contemplation de la nature est une connaissance inférieure à celle de l'âme. Et c'est précisément cette dégradation de la connaissance qui entraîne une exténuation de la puissance génératrice : « C'est bien pourquoi ce qui a été engendré par elle est tout à fait sans force, parce qu'une contemplation qui manque de force produit un objet de contemplation sans force (**4, 29-31**) ». Nous avons vu que l'ultime objet de contemplation produit par la nature était une raison morte, incapable de produire autre chose après elle (**2, 31-32**) en même temps qu'un objet de contemplation incapable de contempler (**3, 7**).

Deuxième section

LA CONTEMPLATION DE L'ÂME (4, 31 – 7, 27)

Aperçu général

La section précédente concluait sur la démonstration de l'affirmation paradoxale du prologue que la nature est contemplation, une contemplation inférieure à celle de l'Âme qui l'a engendrée. Cette deuxième section, qui correspond à la seconde affirmation paradoxale du prologue que même le jeu est contemplation, montrera que toutes les activités psychiques humaines sont des contemplations, elles aussi, plus ou moins dégradées. Toute action ou production est reliée à la contemplation de la partie supérieure de l'âme, soit comme affaiblissement, soit comme accompagnement quand, après son achèvement, elle ramène à la contemplation supérieure (4, 31-47). De même que la production de la nature est contemplation parce qu'elle est engendrée par une âme contemplative, sa « mère », toutes les activités humaines procèdent d'une âme purement contemplative qui a généré une âme inférieure (5, 1-9) qui préside à toutes ces activités. Cette âme inférieure, âme discursive, n'est pas le produit d'une chute, mais l'extension et diffusion naturelle de la vie de l'âme contemplative. En réalité l'âme contemplative, sans s'altérer engendre à l'intérieur d'elle-même une composante discursive qui coexiste avec elle (5, 9-16). Cette âme discursive, produit d'une contemplation, avant toute action, ne peut-être qu'une contemplation (5, 17-25), une contemplation affaiblie, mais aspirant à voir mieux, y compris dans l'action (5, 25-37) qui n'est qu'un détour pour atteindre la véritable fin de l'âme qui est de contempler et posséder en elle-même le bien résultant de son action (6, 1-9). Et, quand l'âme à atteint cette fin, elle retrouve son état originel d'âme purement contemplative, état d'intériorité dans le silence et la tranquillité de la possession dans lequel sujet et objet peuvent coïncider sans l'écart de l'action (6, 9-21). La continuité et la dégradation entre la pure contemplation et la contemplation dérivée qui en procède et y retourne, s'expérimentent existentiellement dans une oscillation entre vision tranquille dans la possession de soi et recherche de soi comme un autre à explorer qui amène à proférer dans la discursivité cela même qui est possédé dans la tranquillité de la pure contemplation. Cette dégradation s'origine dans le fait que, si l'âme se possède elle-même comme un intellect, elle ne se possède pas pleinement et originellement comme l'Intellect. En fait la thêoria discursive est ici plutôt un « accompagnement » de la theôria *purement contemplative, même si la discursivité peut aussi se dégrader en s'investissant dans l'action. Mais l'âme du sage n'a plus besoin d'osciller entre les deux niveaux : elle ne condescend plus à la discursivité que pour enseigner les autres (6, 21-40).*

1. *Production et action ne sont qu'un affaiblissement ou un accompagnement de la contemplation* (4, 31-47)

La fin du développement précédent s'achevait sur le manque de force de contemplation de la nature et la section sur la contemplation de l'âme débute par l'affirmation que l'action humaine n'est qu'un affaiblissement de la contemplation : « Car les hommes aussi, quand leur pouvoir de contempler s'affaiblit, se mettent à produire l'action qui n'est qu'une ombre de la contemplation et de la raison » (**4, 31-32**). Ainsi sont rapprochées l'action humaine et la contemplation affaiblie de la nature qui produit, dont Plotin a pourtant dit précédemment qu'elle n'était pas une action. Action humaine et production de la nature correspondent toutes deux à un affaiblissement de la contemplation. Mais dans le cas de l'action humaine, c'est une incapacité de contempler son objet, une insatisfaction, qui engendre le désir de voir cet objet et alors, comme le disait déjà le prologue, on n'agit que pour contempler, c'est-à-dire pour voir encore ce même objet, non plus par l'intellect, mais par la vue, non plus comme pur intelligible, mais en son image sensible (**4, 33-36**) : si la nature produit les corps en contemplant d'une manière affaiblie et obscure, l'âme humaine, quand elle agit dans le monde à cause d'un affaiblissement de la contemplation, contemple d'une manière sensible en produisant un objet dans le monde sensible.

La phrase suivante (**4, 36-39**), qui explicite ce désir de voir, montre que, lorsque Plotin parle d'action humaine, sans exclure les autres formes d'action, c'est essentiellement le modèle de l'activité artistique qu'il a en tête et qui « en tout cas » illustre le mieux sa pensée : quand il produit une œuvre, l'artiste veut se donner à lui-même et donner aux autres un objet à voir, à « contempler et à percevoir » précise-t-il pour signifier que cet objet devenu sensible par une activité humaine procédant d'un désir de contemplation reste encore accessible par là dans sa pure intelligibilité à la contemplation.

Plotin peut donc conclure (**4, 39-40**) que l'action aussi bien que la production (production de la nature mais aussi production artificielle) gardent un lien constitutif avec la contemplation. Il introduit cependant une nouvelle distinction : elles sont « soit un affaiblissement soit un accompagnement de la contemplation ». Il y a « accompagnement » de la contemplation quand, après la fin de l'activité, « on a à contempler autre chose qui soit antérieur à ce qui a été produit et qui soit supérieur à lui » (**4, 42-43**). Plotin pense sans doute au cas des artistes, quand ils ne sont pas seulement fabricants d'œuvres d'art, qui, après avoir produit une œuvre, peuvent remonter plus facilement grâce à l'image sensible à la beauté de son modèle intelligible dont elle continue d'activer le souvenir. Ce peut-être aussi le cas des géomètres qu'évoquait la prosopopée de la nature, quand ils ne se contentent pas de construire des figures en vue de résoudre des problèmes pratiques, mais qu'ils se servent de ces figures pour découvrir, c'est-à-dire se rappeler, telle ou telle caractéristique de leur archétype intelligible. Dans ce cas, la production d'une image sensible est bien un « accompagnement » de la contemplation non pas simplement parce qu'elle s'origine en elle, comme c'est le cas d'un « affaiblissement » de la contemplation, mais parce qu'elle n'oublie pas que son origine est aussi sa fin. C'est pourquoi, ajoute Plotin, ceux qui sont capables de contempler la vérité intelligible ne sauraient avoir naturellement comme visée première de produire des images sensibles, mais ils s'en servent seulement comme moyens pour surmonter une incapacité provisoire : « Qui donc en effet, capable de contempler ce qui est véritable, se donnerait pour tâche principale de poursuivre un reflet du vrai ? » (**4, 43-44**). Seule une incapacité foncière à contempler peut conduire à une dégradation sans retour de la contemplation en activité purement pratique sans visée théorique, comme le montre le sort des enfants les moins doués qui « s'abaissent aux arts et aux travaux manuels » (**4, 45-47**).

2. *L'âme, elle aussi, produit des objets de contemplation* (**5, 1-9**)

La phrase introductive du chapitre 5, « Mais puisque nous avons dit au sujet de la nature de quelle manière la génération est contemplation, venons-en maintenant à l'âme qui est antérieure à elle et disons comment [...] » (**5, 1-3**), assure la transition entre les développements sur la nature comme contemplation et les chapitres 5 et 6 consacrés à l'âme raisonnable qui, sans être nommée, était déjà, en **4, 31-47**, impliquée dans la caractérisation de l'activité humaine comme contemplation affaiblie. Nous avons vu à ce propos que Plotin pouvait songer aux géomètres qui ne parlent que d'applications pratiques en *République*, 527 a-b et il n'est pas étonnant que Plotin, qui vient de parler du travail manuel, décrive maintenant l'âme raisonnable en des termes repris de *République*, 535 d, où sont décrits ces hommes incapables de philosophie, boiteux au travail, aimant les exercices physiques mais n'ayant aucun goût pour la science et pour la recherche. Avec « le travail d'enfantement », sont convoqués *Théétète*, 150-151, la maïeutique du discours socratique et la réminiscence platonicienne. L'âme platonicienne recherche parce qu'elle a déjà connu avant. Plotin transpose (**5, 5-6**) : parce qu'à son degré supérieur elle s'est toute remplie de la contemplation du monde intelligible, qu'« elle est devenue elle-même tout entière objet de contemplation », « elle a produit un autre objet de contemplation », c'est-à-dire le discours rationnel dans lequel elle recherche et exprime ce qu'elle contemple au niveau supérieur.

La production par l'âme contemplative dans sa plénitude d'un autre objet de contemplation qui est le discours rationnel est comparable à ce qui se passe dans le domaine de l'art (ou de la technique) : « chaque fois qu'un art a atteint sa plénitude, il produit un autre art, pour ainsi dire en miniature, chez un enfant qui possède ainsi une image de toute chose » (**5, 6-8**). Plotin a sans doute à l'esprit le passage des *Lois* I (643 b 4 – d 4), qui expose la manière dont le maître doit préparer l'enfant au métier qu'il devra exercer : par exemple le futur architecte s'amusera à construire de petites maisons d'enfant et à cette fin, le maître lui fournira de petits outils imitant les vrais. Nous aurions là un rappel de l'enfant qui joue pour contempler (**1, 13-14**) et le maître, qui fait jouer l'enfant avec des reproductions pour qu'il puisse exercer sérieusement son métier, ressemble assez bien au sage de **6, 37-38** qui n'a plus besoin de raisonnements sinon pour instruire les autres. Mais les raisonnements de l'âme, comme les modèles réduits de l'art, ne sont objets de contemplation qu'à titre d'images, « parce qu'ils sont comme obscurcis et incapables de se secourir eux-mêmes (**5, 8-9**) ». Les derniers mots sont une référence à l'insuffisance du discours écrit, imitation d'une parole vivante, de *Phèdre*, 275 d – e : il a toujours besoin du secours de son père et à lui seul n'est pas capable de se secourir lui-même (275 e 5 – 6).

3. *Âme purement contemplative et âme discursive* (**5, 9-16**)

Plotin distingue maintenant, plus clairement que dans les lignes précédentes, deux degrés dans l'âme rationnelle. Le premier « qui est en haut et tourné vers le haut, sans cesse rempli et illuminé » (**5, 9-11**) est celui de l'âme purement contemplative, illuminée par l'Intellect et grosse des Idées qu'elle voit en lui, devenue pour elle-même objet de contemplation et qui a produit un autre objet de contemplation. La notion (reprise trois fois en **5, 12**) de participation au monde intelligible souligne la continuité des deux degrés, avec une hiérarchisation entre participation immédiate de l'âme contemplative et participation de celle qui procède par l'intermédiaire de la première. Ici sont effacées toutes traces (encore présentes en **5, 1-9**) du mythe platonicien de la chute de l'âme en même temps que ses éventuelles résonnances gnostiques : l'âme contemplative « demeure là-haut » tandis que l'autre « procède ». La suite offre une explication très condensée de cette procession interne à l'âme (« car, toujours, une vie procède d'une vie », **5, 12-13**) qui la replace dans une loi universelle, naturelle (sans drame) et nécessaire de diffusion continue, d'extension sans rupture de la participation aux réalités supérieures. Cette diffusion-extension est elle-même justifiée comme simple manifestation de l'ubiquité de la vie psychique : « en effet, une activité s'étend partout et il n'y a pas de point où elle soit absente ». Malgré le vocabulaire spatial, à la fois assumé et brouillé par Plotin, le processus ne doit pas être conçu comme un déplacement dans un lieu, comme une chute qui altérerait l'âme supérieure en âme inférieure (elle n'empêche pas la partie antérieure de « demeurer là où elle l'a laissée (**5, 15**) »). La phrase suivante, qui se présente comme une justification de cela (« car si elle délaissait cette partie antérieure d'elle-même, ... »), ne relève pas d'une logique très claire : en toute rigueur, « délaisser cette partie antérieure d'elle-même » devrait être un équivalent d'empêcher la partie antérieure de « demeurer là où elle l'a laissée ». En fait, Plotin veut sans doute dire que l'âme qui procède doit rester toujours en contact avec une âme supérieure et la première condition est que cette âme lui reste supérieure. Pour être partout, elle doit garder en elle toute la dynamique de son avancée du point initial au point final, comme un bâton garde tout au long l'efficience de la main.

Dès ses premiers traités, Plotin avait, de façon plus développée, formulé cette conception d'une procession nécessaire et continue. Par exemple en *6* [IV, 8], 6, 6-15, est affirmée la nécessité du déploiement de toutes les virtualités des âmes : « Les âmes ne doivent pas exister seules, sans qu'apparaissent les produits de leur activité ; il est inhérent à toute nature de produire après elle et de se développer [...] ; le terme antérieur reste à la place qui lui est propre ; mais son conséquent est le produit d'une puissance ineffable qui était en lui ; il ne doit pas immobiliser cette puissance et, par jalousie, en borner les effets ; mais elle doit avancer toujours, jusqu'à ce que tous ses effets parviennent dans la limite du possible au dernier des êtres ». En *11* [V, 2], 26-29, après avoir dit que l'âme, étant nulle part, est partout (21), il reprend l'image de la ligne : « Toutes choses sont donc comme une vie qui s'étend en ligne droite ; chaque point de la ligne est différent ; mais la ligne entière est continue. Elle a des points sans cesse différents ; mais le point antérieur ne périt pas dans celui qui le suit ». L'écho de ces textes pouvait rendre notre passage plus intelligible pour ses auditeurs.

4. *La contemplation affaiblie de l'âme discursive* (**5, 17-25**)

« Mais la partie de l'âme qui procède n'est pas égale à la partie de l'âme qui demeure (**5, 17**) » : si cette extension de l'activité vitale s'opère dans la continuité et la contiguïté, elle implique nécessairement, à défaut d'une séparation locale, une différenciation en degrés. C'est sur ces deux prémisses que se fonde l'argumentation de la longue phrase qui suit (**5, 17-24**) :

1. ubiquité d'une seule et même activité (*energeia*) qui doit nécessairement advenir partout pour déployer toutes ses virtualités (**5, 17-18**)
2. nécessité d'une différenciation à chaque degré (**5, 19**)

Par ailleurs

3. cette activité doit venir soit d'une contemplation soit d'une action (**5, 19-20**)

mais une action ne peut venir qu'après une contemplation (**5, 20-21**).

C'est donc nécessairement une seule et même activité (<1.), qui s'affaiblit à chaque degré de la procession (<2.), une activité qui procède d'une contemplation et reste, au degré inférieur, contemplation (<3.) (**5, 21-22**). Il en résulte que l'action ne doit pas être conçue comme quelque chose d'hétérogène à la contemplation qui se laisserait informer de l'extérieur par la contemplation, comme chez Aristote (l'action comme « état accompagné de raison » ; *cf.* **3, 4** : « conformément à une raison », c'est-à-dire « conformément à une contemplation ») : dans la perspective de la procession, elle est manifestement homogène à la contemplation qui l'engendre et l'affaiblissement ne la fait pas sortir du genre. Plotin énonce le principe qui fonde ici son raisonnement et qu'on retrouvera appliqué à la vie et à l'intellection en **8, 21** : « Car ce qui est engendré doit toujours être du même genre (*homogenes*) que l'engendrant (**8, 24**) ». Il est possible que Plotin fasse ici référence à Aristote, non pas simplement quand celui-ci affirme, en général, qu'»un homme engendre un homme (*Métaphysique*, XII, 5, 1070 b 34) », un individu de même espèce (*eidos*), mais quand il cherche à expliquer les générations d'enfants qui ressemblent de moins au moins à leur père en proportion du manque de vigueur du géniteur qui ne permet pas à la forme de dominer la matière, avec le cas limite des monstres où ce qui est engendré n'est plus un homme, mais seulement un animal, qui n'est plus de l'espèce des géniteurs, mais encore du même genre (*Génération des animaux*, IV, 3, 769 b 9 -13). Dans la procession plotinienne, l'affaiblissement est la règle, sans pourtant que l'on change de genre.

5. *La continuité et la dégradation de la contemplation d'un bout à l'autre de la réalité psychique* (**5, 25-37**)

Cette procession des différents degrés internes à l'âme est expliquée dans les lignes suivantes (**5, 25-30**) en opposition avec un « sans bruit » correspondant à l'absence de besoin de manifestation extérieure. Le même adverbe sera repris en *31* [V, 8], 11, 6 pour caractériser l'Intellect, « un tout ensemble » (*hen homou panta)*, « dieu présent sans bruit » dans un passage qui décrit notre union à l'Intellect, quand nous ne désirons plus le voir comme différent de nous ni être extérieurs à lui. Ce « tout sans bruit » désigne précisément ici l'Intellect qui, comme Plotin dira en **8, 6-8**, est par essence un avec ses objets de contemplation et dont l'acte de penser est identique avec l'acte d'être, à la différence de l'âme qui « ne possédait pas originellement » son objet et pour cette raison « le profère et le manie » (**6, 22-23**). Tout le « bruit » de la procession interne à l'âme vient de la non identité originelle de l'âme et de son objet de contemplation, du fait que l'âme n'a jamais contemplé son objet comme étant elle-même, et l'affaiblissement de la contemplation jusqu'à l'action consiste en l'accentuation de cet écart originel qui lui fait voir un objet toujours plus éloigné de l'intelligible. Cette interprétation de « toutes choses » (*panta*) comme désignant l'Intellect dans sa contemplation silencieuse de lui-même rend selon nous plus claire la deuxième partie de la phrase : au niveau inférieur à l'Intellect, « ce qui contemple est aussi une âme » (**5, 27**), ce qui signifie que ce n'est pas purement et simplement « toutes choses », et, même comme âme contemplative, elle « a contemplé selon ce mode » (**5, 28**), c'est-à-dire comme une âme qui ne pouvait contempler son objet intelligible comme étant elle-même, selon « un mode plus extériorisé et différent de ce qui contemple avant elle [de l'Intellect] (**5, 28-29**) » ; elle produit ainsi après elle une contemplation plus affaiblie en même temps qu'elle se donne pour objets des images affaiblies de l'intelligible.

Pour justifier le processus de production d'une contemplation par une contemplation, Plotin reprend ce qu'il vient de dire en **5, 12-14** sur l'ubiquité de la vie et activité de l'âme qui doit se manifester partout : « Et, en effet, la contemplation n'a pas de limite » avec comme corrélat « et l'objet de contemplation non plus » (**5, 30**). Ceci ne doit pas être considéré comme une simple parenthèse, mais reste impliqué dans la conclusion, il est vrai fort elliptique (mot à mot : « c'est pourquoi partout ») que nous avons traduite « c'est pourquoi ils [la contemplation et l'objet de contemplation] sont partout » (**5, 31**). En effet, dire que la contemplation produit la contemplation, c'est aussi dire que l'âme, en manifestant partout son activité contemplative, manifeste en même temps partout son objet de contemplation en un dégradé d'images d'un même intelligible. Et cette « même chose en toute âme » (**5, 32**) désigne encore cette co-présence de *theôria* et de *theôrêma*, à nouveau justifiée par l'ubiquité de l'âme impliquant celle de la contemplation et celle de son objet (**5, 32-33**).

Nous retrouvons donc à tous les degrés de la vie psychique « la même chose », c'est-à-dire une contemplation d'un objet de contemplation, mais chaque degré manifeste un mode différent de contemplation (*cf.* **5, 24-25** : homogénéité de la contemplation, mais affaiblissement de son mode). La même chose, oui, « mais pas sous le même mode dans toutes les âmes, en sorte qu'elle n'est pas non plus identiquement en chaque partie de l'âme » (**5, 33-34**). Cette différence vaut pour les âmes des divers types d'êtres vivants et aussi, c'est ce qui intéresse Plotin maintenant, pour les diverses « parties », les divers degrés de l'âme présents dans l'individu humain.

Plotin illustre son propos par une allusion au mythe de l'attelage ailé du *Phèdre* : en 247 e 5-6, le cocher, revenu au logis, installe les chevaux devant la mangeoire, y jette de l'ambroisie et leur fait boire du nectar. Le cocher est la partie supérieure de l'âme qui confine à l'Intellect, les chevaux (*thumos* et *epithumia*) la partie inférieure susceptible de s'engager dans l'action. L'imagerie platonicienne des nourritures célestes pour la réalité intelligible contemplée en haut a disparu et il n'en reste plus qu'« une part de ce qu'il a vu (**5, 35**) », tiré du simple emploi du génitif partitif. C'est la part reçue de la réalité intelligible qui suscite chez les chevaux le désir de la recevoir en totalité : « et eux, l'ayant reçue, pourraient évidemment aspirer à ce qu'ils ont vu, car ils ne l'ont pas reçu tout entier. Mais, dans cette aspiration, au cas où ils agiraient, c'est bien en vue de ce à quoi ils aspirent, qu'ils agissent (**5, 35-37**) ». C'est donc une seule et même aspiration de l'âme inférieure qui se traduit selon deux modes possibles alternatifs, comme le montre l'emploi des deux optatifs[1] : une aspiration qui, soit reste purement contemplative, soit cherche à se satisfaire dans l'action.

6. *La contemplation de l'âme est atteinte par le détour de l'action* (**6, 1-9**)

Ce que Plotin retient donc des chevaux du *Phèdre* pour l'appliquer à l'âme inférieure, c'est que tout désir procède d'une possession partielle qui aspire à posséder totalement, que le désir de contemplation qui s'origine dans une contemplation ne peut viser comme fin que cette contemplation et que, même quand l'âme agit, elle n'échappe pas à la sphère d'attraction de l'objet de contemplation : « Il n'y a donc d'action qu'en vue de la contemplation et de l'objet de contemplation, en sorte que, même pour ceux qui agissent, c'est la contemplation qui est leur fin. » (**6, 1-2**). L'action n'est qu'un chemin détourné, périphérique, vers le but qu'on n'a pu atteindre directement : « et, ce qu'ils n'ont pu recevoir pour ainsi dire en ligne droite, ils cherchent à le saisir en tournant autour » (**6. 2-4**).

Plotin justifie cette affirmation que toute action a pour but la contemplation, en reprenant (« encore une fois ») ce qu'il disait en **4, 35-38** à propos de l'action humaine comme affaiblissement de la contemplation : « les hommes se portent vers l'action afin de voir » et « quand ils produisent, ils veulent voir cet objet, le contempler et le percevoir ». Nous avions remarqué alors que Plotin ne cherchait pas à distinguer au niveau de l'homme action et production : il semble que pour lui le modèle de l'action productrice de l'artiste qui produit un objet à contempler vaut pour toute action, y compris celle qui relève de la conduite morale : tous les types d'action visent à produire quelque

1. On ne tient pas compte en général de l'emploi des deux optatifs.

chose à voir. Cela n'est pas surprenant, si l'on songe au texte du premier traité de Plotin [I, 6], 9, 1-25 où il compare l'ascèse morale au travail du sculpteur : « comme lui, toi aussi, enlève ce qui est de trop, redresse ce qui est de travers, travaille à nettoyer ce qui est sombre pour le rendre brillant et ne cesse pas de sculpter ta propre statue jusqu'à ce que l'éclat divin de la vertu t'illumine, jusqu'à ce que tu voies la tempérance siégeant sur son trône saint. »

Plotin n'oppose pas, comme le fait Aristote (*Éthique à Nic*omaque, V, 5, 1140 b 6-7), une *poiêsis* à une *praxis* qui aurait sa fin en soi. Toute action, qu'elle soit morale ou artistique (et aussi géométrique) a pour fin la connaissance et la vision de ce qu'elle réalise (**6, 4-6**). Plotin précise « le voir présent à l'intérieur de l'âme, de toute évidence là à disposition pour être contemplé » : la *praxis* de Plotin, qu'elle passe ou non par un objet extérieur, trouve, comme la *praxis* d'Aristote (*Éthique à Nicomaque*, VI, 4, 1140 a 2), son achèvement à l'intérieur de l'âme.

Elle permet à l'âme de mieux voir en soi la forme dont ce qu'elle réalise est le reflet et s'inscrit dans un processus de connaissance par anamnèse qui reconnaît, dans la raison qu'elle a saisie dans le sensible, la raison qu'elle a reçue originellement de l'Intellect et la voit dans sa pure beauté (cf. *31* [V, 8], 2), c'est-à-dire débarrassée de tout ce qui n'est pas, comme la masse et la grandeur spatiale, homogène à l'âme, donc en elle-même.

La fin de l'action est donc la contemplation non pas d'un objet en tant qu'il subsiste, avec sa raison, à l'extérieur de nous dans ses contingences sensibles sans impact sur l'âme, mais en tant que raison pure en nous, visible en nous, seul susceptible d'opérer un effet sur nous.

Plotin justifie le fait que la fin de l'action ne peut être seulement une vision extérieure en affirmant qu'« ils agissent aussi en vue d'un bien » (**6, 7**)[1]. Chez ceux qui agissent, le désir de contempler la beauté de leur objet est lui-même porté par le désir plus profond que cet objet soit aussi un bien pour eux. Ce désir est plus exigeant : ils ne peuvent se contenter de voir quelque chose d'extérieur, ils veulent le posséder en eux : « ils agissent non pas pour que ce bien soit en dehors d'eux, non pas afin de ne pas posséder, mais, au contraire, afin de posséder le bien

1. *Cf. Gorgias*, 499 e : « Le bien est la fin de toutes les actions ».

qui résulte de leur action » (**6, 7-9**). Plus loin dans la tétralogie (*32* [V, 5], 12, 21-24), Plotin dira que les hommes « croient que le Beau est beau pour lui-même et non pour eux, comme c'est le cas pour la beauté d'ici-bas, car la beauté appartient à celui qui la possède. Et il leur suffit de paraître beaux, même sans l'être, mais le Bien, ce n'est pas seulement en apparence qu'ils veulent le posséder ». Les hommes aspirent à voir en possédant dans leur âme, à l'instar de l'Intellect qui ne contemple pas les intelligibles sans les posséder (*cf. 32* [V, 5], 1, 54-55) dans sa visée du Bien.

7. *La contemplation de l'âme contemplative se fait dans le silence et l'unité* (**6, 9-21**)

L'action aboutit donc à la vision de son objet dans l'âme : « L'action s'est donc retournée vers la contemplation » (**6, 9**). Les lignes suivantes (**6, 10-11**) expliquent que l'âme, qui est une raison, c'est-à-dire l'expression déployée de l'Intellect qui saisit les intelligibles, ne peut saisir en elle que l'expression de ces intelligibles, c'est-à-dire une raison qui lui est homogène, et non plus une raison incorporée dans le sensible comme celle que l'action visait d'abord comme extérieure à l'âme. Cette raison saisie dans l'âme est silencieuse parce qu'elle n'exige plus de l'âme de détour par la délibération et la discursivité. Et dans ce retour de l'action à la contemplation, plus la raison visée devient intérieure à l'âme et vient coïncider avec ce qu'elle est dans l'âme, plus elle devient silencieuse.

D'une certaine façon, l'action de l'âme, dans sa recherche, faisait parler la raison, en commentant son déploiement extérieur, spatial et temporel dans le sensible, mais, dans la contemplation, la possession à l'intérieur de l'âme, il n'y a plus rien à dire de tout cela. En effet, si l'on peut dire que la raison est alors silencieuse, c'est parce que l'âme « se tient tranquille et elle ne cherche rien, parce qu'elle a été remplie (**6, 12**) ». Plotin disait à propos de la nature en **3, 15-17** que « rechercher, c'est ne pas posséder encore ». Mais la nature possède et c'est justement parce qu'elle possède qu'elle produit et on lit en **4, 16-17** : « tranquille en elle-même, [elle] possède une contemplation dirigée ni vers le haut, ni, non plus, à l'inverse, vers le bas ». Cet état de tranquillité et d'absence de recherche dont jouit en permanence la nature vaut aussi, et même plus encore (*cf.* **6, 31**), pour l'âme revenue de l'action à la contemplation.

Cette tranquillité de l'âme qui contemple repose sur sa certitude de posséder son objet (**6, 13**) et elle est proportionnée au degré d'évidence de cette certitude : « plus évidente est la certitude, plus tranquille est la contemplation » (**6, 13-15**). Certitude (*pistis*) et évidence (*enargeia*) sont, comme ici, associés en *32* [V, 5], 1, 12-13, à propos de la sensation considérée généralement comme impliquant la « certitude la plus évidente » et caractérisant alors un niveau pré-discursif[1]; à l'opposé, en *49* [V, 3] 17, 25-30, à propos de l'expérience que l'âme peut avoir de l'Un, Plotin parle d'un toucher supra-discursif, excluant tout discours ou tout raisonnement, à un moment où s'impose seulement la certitude d'avoir vu. La tranquillité de la contemplation s'oppose donc au doute inquiet de la recherche discursive qui ne possède pas immédiatement, intuitivement son objet.

Évidence de la certitude et tranquillité de la contemplation sont elles-mêmes mesurées au degré d'unité atteint entre le sujet connaissant et l'objet connu : « dans la mesure où elle conduit davantage vers l'unité et où ce qui connaît, en tant qu'il connaît – nous devons maintenant être sérieux – vient davantage vers l'unité avec l'objet connu (**6, 15-17**) ».

La remarque incidente de Plotin semble indiquer qu'il quitte à ce moment précis le tour enjoué qui, comme il l'avait annoncé dès ses premiers mots, allait dominer le début de son exposé. Il est possible que, depuis quelque temps déjà, les auditeurs n'aient plus beaucoup souri ... En tout cas, Plotin souligne ainsi qu'avec la question de l'unité du sujet et de l'objet de connaissance, nous sommes arrivés à ce qui est l'essence même de la contemplation : unification dans l'âme contemplative, unité dans l'Intellect archétype de toute contemplation.

L'action (et la production humaine qui implique une action) correspond au cas où le sujet et l'objet de la connaissance sont encore deux choses différentes, simplement juxtaposés à l'écart l'un de l'autre (**6, 17-18**) : ce que voit l'âme, ce n'est pas la raison telle qu'elle est en elle, reçue de l'Intellect, mais une autre, extériorisée parce que déployée dans

1. La *pistis* correspond à la sensation dans l'analogie de la ligne de la *République*.

la discursivité pour être adaptée (*cf.* **6, 30**) aux contingences du sensible : ces deux termes (sujet et objet), « la contemplation ne les a pas encore appropriés l'un à l'autre, comme dans les cas où les raisons qui sont dans l'âme ne produisent rien (**6, 18-19**) ». La pure contemplation est ici décrite comme un passage à la limite de la dualité et de l'extra-position perçues dans l'action : la dualité se résout en une union intime où plus rien de la raison perçue ne reste étranger au sujet.

La phrase suivante conclut sur les exigences du retour à la contemplation formulées en termes d'intériorité et d'unité : « la raison ne doit pas se trouver à l'extérieur, mais doit s'unir à l'âme de celui qui apprend jusqu'à ce qu'elle la découvre appropriée à elle (**6, 19-21**) ». Dans cette optique la contemplation apparaît comme la découverte que la raison visée dans l'action était bien déjà présente, depuis toujours, dans l'intimité silencieuse de l'âme.

8. *L'oscillation de l'âme entre la production du discours et le silence de la contemplation* (**6, 21-40**)

Les lignes précédentes pouvaient laisser entendre qu'après le détour par l'action, l'âme, son but atteint, s'installait dans une contemplation calme et silencieuse de son objet qu'elle possède comme une raison intérieure et homogène à elle. Plotin corrige cette impression : « Ou plutôt, lorsque la raison s'est appropriée à l'âme et qu'elle est devenue une disposition intérieure, l'âme, pourtant, profère cette raison et la manie (**6, 21-22**) ». Il s'agit ici d'une activité de l'âme qui, même si elle a avec l'action une certaine analogie au sens où elle implique une distension de l'âme sur deux niveaux, n'est pas proprement une action au sens où elle ne vise rien d'extérieur à l'âme (*cf.* **6, 30-31**).

Deux verbes décrivent le traitement que l'âme opère sur le logos qu'elle possède en elle : « proférer (*propherein*) » et « manier (*procheirizesthai*) ». Nous avons parlé dans notre introduction du premier verbe dont l'emploi massif dans ces lignes (**6, 22-27**) relevait d'une intention polémique visant l'utilisation chrétienne et gnostique du concept de « profération » ou « prolation » (*prophora*) à propos de la génération d'entités divines. Plotin reprend la terminologie utilisée par la psychologie stoïcienne opposant *logos endiathetos* (qu'évoque le verbe *diatethêi* de **6, 22**), la raison silencieuse intérieure à l'âme, et *logos prophorikos* qui en est l'expression vocale. Mais chez lui, comme d'ailleurs chez ses adversaires chrétiens, l'opposition silencieux / vocalisé disparaît pour n'être plus que métaphorique (même si le *logos prophorikos* peut encore à un autre niveau s'extérioriser matériellement en paroles), au profit d'une opposition dans une sphère immatérielle entre un état d'archétype un et concentré et un état d'image fragmentée (cf. *19* [I, 2], 3, 29 : *memerismos logos*), déroulée, extériorisée et manifestée.

Le verbe « manier », repris à la ligne suivante par le nom d'action « maniement » (*procheirisis* : unique emploi chez Plotin), n'est utilisé que deux autres fois dans les *Ennéades*, en *8* [IV, 9], 5, 13 et 17, dans un développement sur le rapport du tout et de la partie dans la science : il désigne le travail qu'effectue actuellement le savant sur une partie de la science (par exemple un théorème) qui passe pour lui au premier plan, tandis que tout le reste demeure latent, en puissance, dans cette partie, et ce verbe garde nettement la connotation de l'adjectif (« à portée de main ») dont il dérive. Le savant ne saisit pas alors la science comme un « tout ensemble » (*hama panta*), mais morcelée en parties qu'il peut voir sortant une à une de l'indistinction du tout. Ce fractionnement en parties saisissables, « à portée de main », est un préalable au déploiement qui les articule en discours.

L'explication de cette profération et de ce maniement de la raison intérieure est donnée immédiatement : « car ce n'est pas primitivement qu'elle la possédait (**6, 22-23**) ». Ce mode de possession de l'âme sera explicitement opposé un peu plus loin (**6, 25**) en termes de non plénitude, de manque, à celle de l'Intellect. L'âme possède bien en elle cette raison, et même, comme Plotin le disait en *28* [IV, 4], 3, 10-11, « elle possède toutes choses, (mais) secondairement, elle ne devient pas parfaitement toutes choses ». Il y a donc deux manières de posséder : celle de l'Intellect qui possède les intelligibles parce qu'il leur est parfaitement identique, parce que sa substance même consiste à être et penser en acte ses objets, à être et se penser lui-même, et celle de l'âme qui ne possède ses objets que parce qu'ils lui sont donnés dans sa génération par l'Intellect. La profération due à cette déficience de l'âme est associée à une recherche et un parcours qu'exprime le verbe

« explorer » (*katamanthanein* **6, 23**), repris dans l'expression condensée du processus : « ce qu'elle profère, c'est du fait de son manque qu'elle le profère pour en faire l'examen, cherchant ainsi à explorer ce qu'elle possède (**6, 28-29**) ».

Le processus, qui implique un fractionnement de l'objet, correspond à la fois à un dédoublement par projection à un niveau inférieur de ce qui était un au niveau supérieur et à un double déploiement dans la multiplicité de l'âme et de la raison qui est son objet : « dans ce maniement, elle devient en quelque sorte différente d'elle et, la pensant discursivement, elle la regarde comme une chose en regarde une autre » (**6, 23-25**). L'âme devient différente de la raison, parce qu'elle l'a mise à distance pour voir ce qu'elle est, mais cette mise à distance ne laisse pas cette raison telle qu'elle était en elle mais en fait une image déployée qu'elle ne peut voir qu'en se distendant elle-même en raison discursive. Ce qui regarde comme une chose en regarde une autre, c'est maintenant cette image de l'âme qui regarde une imitation de la raison de l'âme.

Mais l'âme ne devient différente de sa raison qu'« en quelque sorte » : la différenciation n'est qu'apparente et transitoire et elle n'abolit pas l'unité essentielle des deux (même si ce n'est pas l'unité originelle de l'Intellect et de l'intelligible) qui demeure au niveau supérieur de la possession intuitive dans la contemplation, comme le précisent les lignes **6, 25-26** : « pourtant elle était aussi une raison et, en quelque sorte, un intellect, mais qui voyait quelque chose d'autre ». L'imparfait renvoie ici aussi bien à l'état purement contemplatif qu'à la nature même de l'âme, raison et image de l'Intellect : l'âme est comme l'Intellect, connaît comme l'Intellect, à ceci près que la procession a fait diverger sujet et objet, parfaitement identiques dans la connaissance de soi de l'Intellect. Et la profération ne fait qu'accentuer pour un temps ce défaut originel d'identité : le rapport entre la raison proférée et la raison dans l'âme contemplative est le même que celui entre l'âme, raison de l'Intellect, et l'Intellect (cf. *10* [V, 1], 3, 7-8).

La déficience de l'âme ne l'empêche pas de jouir, comme l'Intellect, d'une contemplation tranquille : « pourtant elle aussi voit dans la tranquillité ce qu'elle profère (**6, 27**) ». La formulation semble impliquer une simultanéité des deux types d'activités au sens où la deuxième reste connectée à la première : il n'y a pas d'activité discursive qui ne soit ponctuée de moments de saisie intuitive des traces de l'intelligible déposées en elle (cf. *49* [V, 3], 3, 6-9). Plotin en donne pour preuve le fait que « ce qu'elle a bien proféré, elle ne le profère plus » (**6, 27-28**) : quand la profération livre une image satisfaisante, parce qu'elle correspond adéquatement à ce que livre la saisie intuitive, l'image devient inutile.

En fait, l'activité discursive de l'âme ne cherche ici rien d'autre que la connaissance de ce *logos* qui ne fait qu'un avec elle et n'abolit pas la certitude de le posséder en elle. Elle consiste en un va et vient entre la possession silencieuse et intuitive et l'explicitation discursive d'un même objet, alternativement possédé comme même et connu comme autre. Pour connaître son objet, l'âme se met à distance de lui en même temps qu'elle se distend elle-même en se faisant discursive, tout en s'assurant que c'est bien lui qui vient coïncider avec elle dans l'unité de la contemplation, comme on voit deux points d'un cercle converger à mesure que le cercle se réduit au centre.

Cette activité est très proche de celle des géomètres de la prosopopée qui dessinent des figures dans le sable pour mieux voir la forme correspondante présente en leur âme et même identique à elle quand le géomètre n'a besoin que d'une image mentale.

Plotin oppose ce pur exercice de la raison discursive qui ne fait rien d'autre que construire une image adéquate de ce qu'elle possède à son fonctionnement dans le domaine pratique : « Au contraire, dans les activités pratiques, l'âme cherche à ajuster ce qu'elle possède aux choses extérieures (**6, 29-30**) ». Dans le cas de l'action, l'âme produit une image de ce qu'elle possède qui soit une interface configurée aux exigences du monde sensible.

Plotin explique ensuite la différence entre la contemplation oscillante de l'âme et la contemplation stable de la nature telle qu'elle était décrite à la fin du chapitre 4. D'un côté, la pure contemplation de l'âme est supérieure à celle de la nature : « Parce qu'elle possède plus intensément que la nature, elle est plus tranquille, et, parce qu'elle possède plus, elle est plus contemplative (**6, 30-32**) ». La tranquillité est proportionnelle à la possession des raisons intérieures : la nature possède bien ses raisons dans la tranquillité, mais elle les possède sous un mode ontologiquement inférieur, moins concentré, moins unifié que pour l'âme du fait que la procession distend à un second degré l'unité originelle de l'Intellect.

Par ailleurs, la nature est moins contemplative, parce qu'elle a en elle moins de raisons à voir que l'âme qui possède en elle toutes les raisons des formes intelligibles : elle ne possède que les raisons des êtres vivants.

D'un autre côté, la contemplation de l'âme n'a pas la stabilité de celle de la nature : « parce qu'elle ne possède pas d'une manière parfaite, elle désire posséder plus l'exploration de ce qu'elle a contemplé et la contemplation qui résulte de l'examen (**6, 32-34**) ». L'imperfection de la possession de l'âme n'est évidemment pas relative à une perfection de celle de la nature, mais, comme précédemment, avec celle de l'Intellect. Cependant, si la possession de la nature n'est pas parfaite, elle la satisfait totalement et est exempte de tout désir de connaissance (*cf.* **4, 16-17** et **28-29**) : la nature est figée en deçà du manque qui amène l'âme à la discursivité.

Mais le recours à la discursivité n'a rien de dramatique : elle n'est qu'un écart qui ne perd jamais de vue la contemplation, une distension passagère entre deux moments contemplatifs de l'âme. Cette oscillation est évoquée comme le régime ordinaire de l'âme où descentes et remontées alternent sans effort particulier, comme à volonté, et où la contemplation a sans cesse le dernier mot : « Et après s'être éloignée et s'être occupée d'autres choses, lorsqu'elle remonte, elle contemple alors avec la partie d'elle-même qu'elle avait abandonnée (**6, 34-36**) ».

Cependant, la fréquence de cette oscillation est moindre dans une « âme qui est restée en elle-même (*stasa en hautêi*) » (**6, 36**). La formulation peut paraître étrange, mais le verbe qui dénote la stabilité est à l'aoriste (*stasa*) : cette stabilité dans l'intériorité de la contemplation n'est pas définitive, elle reste momentanée, même si le sens du verbe suggère que ce sont des moments qui durent et donc abaissent la fréquence du mouvement vers la discursivité qui s'imposent de moins en moins. Le cas du sage (*spoudaios*) en est la meilleure illustration : « le sage en a fini avec les raisonnements (*lelogistai êdê*) » (**6, 37**). Ici le parfait (*lelogistai*) dit à la fois qu'il a, sans doute plus que tout autre, exploré et explicité par le raisonnement ce qui est en lui et que, cela fait, il n'a plus besoin de le faire encore. La même idée était développée en *28* [IV, 4], 12, 9-10 : « Celui qui raisonne cherche à apprendre ce que le sage possède déjà. En témoigne celui-là même qui raisonne : dès qu'il a trouvé ce qu'il faut, il cesse de raisonner ».

Et si le sage recourt encore au raisonnement, c'est seulement pour communiquer sa sagesse à un autre : « c'est pour un autre qu'il énonce ce qui est en lui; mais, pour lui-même, il n'est que vision (*opsis*) » (**4, 36-37**). Cette pure *opsis* du sage correspond à l'état contemplatif de l'âme dont Plotin disait plus haut (**6, 27**) qu'»elle voit dans la tranquillité » ce que, dans la discursivité, elle profère à la fois dans le dédoublement de son unité essentielle en sujet et objet, et le déroulement en multiplicité de l'objet : le sage « n'est plus tourné que vers l'unité et vers la tranquillité (**6, 38-39**) ». L'emploi ici, sans complément, du mot *opsis*, qui suggère plutôt une puissance qu'un acte de vision, mérite quelque attention : le sage est tourné vers l'unité et la tranquillité parce qu'il n'a plus besoin de se donner des objets à voir, comme il le faisait avant dans la profération. Il y a le même rapport entre contemplation tranquille de l'âme et profération discursive que celui que fait Plotin, en *49* [V, 3], 11, entre Intellect pré-noétique un et Intellect pensant multiple, entre « vision qui n'a pas encore vu » (*opsis oupô idousa*, 5) et « vision qui a vu » (*idousa opsis*, 10). La pure *opsis* du sage fait irrésistiblement penser à l'*opsis*, qui n'est que lumière et est en quelque sorte désencombrée de toute détermination par un objet, où culmine l'ascension de l'âme en *1* [I, 6], 9, 22 : « tu es maintenant devenu une vision (*opsis*) ».

Le sage est alors débarrassé de toute dispersion et de toute inquiétude « non seulement par rapport aux choses extérieures, mais même à l'égard de lui-même, et tout est à l'intérieur (**6, 39-40**) ». Plus de détour et d'excroissance centrifuge de l'âme, que ce soit dans l'action (impliquant discursivité) vouée aux choses extérieures à l'âme ou que ce soit dans la pure discursivité qui, dans sa recherche inquiète de ce qui est à l'intérieur de l'âme ne peut le voir que projeté à sa périphérie : le sage est totalement concentré dans la possession tranquille de lui-même.

Troisième section

RÉCAPITULATION ET PREUVES SUPPLÉMENTAIRES (7, 1-27)

Aperçu général

Dans les chapitres précédents, Plotin a montré dans une perspective ascendante les rapports qui relient la contemplation avec la production et l'action au niveau de la nature et de l'âme humaine aussi bien contemplative que discursive. La montée a culminé dans l'évocation de la contemplation de l'âme du sage, tout proche de la contemplation parfaite de l'Intellect. Mais avant de passer à ce dernier niveau où s'originent tous les modes de contemplation, il récapitule l'essentiel des thèses qu'il a précédemment proposées, mais plutôt dans la perspective générale de la procession qui les fonde peut-être avec plus de rigueur (7, 1-18). Il ajoute trois confirmations de ces thèses : la génération animale, le cas des mauvais artisans et celui des amoureux (7, 18-27).

1. *Récapitulation des thèses proposées depuis le début du traité* (**7, 1-18**)

Une longue phrase (**7, 1-15**) ressaisit, explicite et articule fermement les idées-forces qui ont animé les développements précédents sous forme de principes généraux qui relient entre elles (et avec le niveau supérieur) les différentes réalités dont il a parlé. Avant d'étudier cette phrase dans le détail, il peut être utile, en allégeant sa complexité, d'en dégager une structuration en trois moments, étroitement reliés :

1. Tout s'origine dans une contemplation et est contemplation (**7, 1-4**)
2. Toute activité (action ou production) a pour fin une contemplation (**7, 4-6**)
3. L'imitation : l'origine prise comme fin (**7, 6-14**)

1. Tout s'origine dans une contemplation et est contemplation (**7, 1-4**)

D'abord est posé le lien universel entre les deux notions « venir d'une contemplation » et « être contemplation » qui vaut aussi bien pour les êtres « véritablement êtres » que pour « les choses qui sont provenues de ces êtres-là ». L'expression « les êtres véritablement êtres » ne désignent pas ici strictement l'Intellect, mais la série Intellect, âme et nature et en conséquence, l'expression « les choses qui sont provenues de ces êtres-là » recouvre tout ce qui est engagé dans le sensible et la temporalité. Le cas de l'Intellect ne sera abordé qu'au chapitre suivant, mais l'affirmation qu'il est contemplation et vient d'une contemplation, même si c'est d'une manière toute particulière (l'Un lui-même n'est pas contemplation), doit faire partie des points qui vont de soi (*cf.* **7, 14-15**), mais cette affirmation a été explicite pour l'âme (**4, 12**), pour la nature (**4, 6**). L'âme (**5, 5**) et la nature (**4, 25-27**) et les raisons correspondantes (**3, 8-10**) sont à la fois contemplation et objet de contemplation. Mais nous avons vu que la dernière raison, la raison « sans vie » qui correspond à la forme visible du corps provient bien d'une contemplation, mais n'est contemplation qu'au sens de « contemplé » (**3, 7-8**) c'est-à-dire uniquement comme objet de contemplation. Cette dernière raison est le seul représentant de l'autre groupe dont Plotin ait déjà parlé, les choses qui sont provenues des êtres véritables et qui, comme le souligne Plotin, sont « objets de contemplation » d'une faculté cognitive de l'âme opérant sur les accidents des êtres sensibles, sensation ou connaissance au sens d'opinion (qui opère à partir de la sensation). En somme, dire que tout est contemplation, c'est dire que tout être ou contemple ou est contemplé; aux extrêmes, la dernière raison et l'Un (en un certain sens) ne sont qu'objets de contemplation et l'identification parfaite de la contemplation et de l'objet de contemplation n'a lieu que pour l'Intellect, comme on le verra plus loin.

2. Toute activité (action ou génération) a pour fin une contemplation (**7, 4-6**)

Les générations (*cf.* **2, 30-34**; **3, 9-12**) qui pourraient paraître avoir pour fin la seule production d'un nouvel être, aussi bien les actions (*cf.* **1, 15 et 18 ; 6, 1-2**), qui pourraient sembler avoir leur fin en elles-mêmes, sont également motivées par un désir de connaissance. Même si la contemplation est productive, elle est, dans sa fin, cognitive : la génération vise essentiellement à la réalisation d'une forme qui est objet de contemplation. Dans le cas des générations, comme il le fera dans le développement supplémentaire sur la génération des animaux (**7, 18-22**), Plotin relie l'origine à la fin, lien qu'il va maintenant fonder sur l'imitation.

3. L'imitation : l'origine prise comme fin (**7, 6-14**)

La notion d'imitation est apparue dès les premières lignes du traité (**1, 7**), mais plutôt au sens d'une dégradation. Elle avait disparu par la suite, tout en restant sous-jacente, et réapparaît ici, sous un mode positif, comme explication de la loi générale « tout est contemplation » : parce qu'ils sont images (*mimêma*) de leur producteurs qui les ont produits en contemplant, tous les êtres imitent au niveau inférieur ce mode de production en produisant des objets de contemplation (**7, 6-8**). Quant aux produits de la nature et de l'art dans le monde sensible, ils attestent, du fait même qu'ils sont imitations (*mimêsis*) d'êtres véritables, que leurs producteurs ne visaient pas le seul fait de les produire, mais un résultat à contempler comme image renvoyant à un modèle supérieur (**7, 8-10**), et c'est cet objet de contemplation que désirent voir les facultés discursive et sensitive de l'âme et, sous son mode propre (une *sunaisthêsis*), la nature (**7, 11-14**).

Plotin distingue dans cette récapitulation les éléments qu'il n'avait pas explicités dans les chapitres antérieurs, parce qu'ils allaient de soi, et ceux que son exposé a, dans ces chapitres, effectivement remis en mémoire. Les uns et les autres sont déclarés, avec à peine une pointe de doute, « évidents » (**7, 14-15**) : chaque exposé de Plotin suppose chez ses auditeurs une connaissance préalable de l'ensemble de sa doctrine dont seulement quelques éléments sont activés en fonction de la question non évidente traitée[1], en l'occurrence le paradoxe initial. Toutes les affirmations du récapitulatif et leur structuration tirent leur évidence du principe général : « pour toutes choses, c'est leur principe qui est leur fin (**7, 17-18**) ».

2. *Preuves supplémentaires* (**7, 18-27**)

Plotin ajoute en confirmation de sa thèse trois preuves nouvelles :

1. les générations animales (**7, 18-22**).
2. les défauts dans les résultats de la production et de la contemplation (**7, 23-26**).
3. les amoureux (**7, 26-27**).

Il est vrai que Plotin n'a pratiquement pas parlé de la génération des animaux dans la section consacrée à la contemplation de la nature : la nature, privée de représentation et de raisonnement, c'était essentiellement la terre, les plantes, les arbres (*cf.* **1, 19-21**) et il ne disait qu'en passant que « dans les animaux et les végétaux, ce sont les raisons qui sont productrices ». Et dans la section consacrée à la contemplation de l'âme, il ne traitait que d'action humaine et de production artisanale.

La génération des animaux s'opère sous la pression des raisons séminales qui portent en elles, encore condensées et invisibles, les formes qui seront déployées dans les individus engendrés et aboutit, suivant un processus spontané, sans volonté délibérée ni réflexion, à la manifestation de ces formes. C'est sous ces deux aspects, absence de réflexion et manifestation de formes que la génération est « acte de contemplation » (**7, 19**). C'est précisément l'absence de raisonnement qui, en *43* [VI, 2], 21, 33-37, fonde l'analogie entre la pensée de l'Intellect lui-même, contemplation parfaite, et la production par les raisons séminales : « Tout ce qu'on peut saisir par un raisonnement comme existant dans la nature, on le trouvera existant sans raisonnement dans l'Intellect [...], tout comme pour les raisons séminales qui produisent les animaux : tout

1. C'est là sans doute selon nous la principale difficulté de la lecture des traités de Plotin, *cf.* notre introduction au *Traité 49*, p. 27-32.

ce que le raisonnement le plus raffiné pourrait calculer de meilleur, se trouve ainsi dans les raisons qui sont antérieures à tout raisonnement ». L'association immédiate entre « acte de contemplation » et « douleur d'enfantement (*ôdis*) » peut s'appuyer sur les textes platoniciens où la douleur d'enfantement est désir d'une connaissance qui la fera cesser (*cf. République* 490 b 7; *Banquet* 206 e 1; *Lettre* II, 313 a 6) : le terme de la douleur d'enfantement est la production proliférante de formes (dans la matière), qui sont autant d'objets de contemplation remplissant tout de contemplation (**7, 20-22**). On retrouve ainsi dans le cas des générations animales la loi générale formulée plus haut : « les générations partent d'une contemplation pour aboutir à la réalisation d'une forme, c'est-à-dire d'un nouvel objet de contemplation ».

Le deuxième preuve supplémentaire (**7, 23-26**) est une sorte de preuve *a contrario* : les défauts que l'on observe dans les résultats de la production et de l'action ne s'expliquent ni par l'insuffisance du modèle à imiter ni par une mise en œuvre déficiente, mais parce qu'à un moment, à la différence du Démiurge qui tenait les yeux sans cesse fixés sur le Modèle intelligible (cf. *Timée*, 28 a 7), on s'en est écarté en perdant de vue ce que l'on avait d'abord contemplé.

La troisième preuve, par les amants, vient confirmer que tout est désir de contemplation : « les amants aussi sont du nombre de ceux qui ont vu (*idontes*) et s'efforcent (*speudontes*) d'atteindre une forme (**7, 26-27**) ». Comme Plotin le dira dans le *Traité 50*, l'amour n'est pas essentiellement désir d'union et de génération (amour mixte), mais désir de vision du Beau en soi (amour pur), dont se ressouvient l'amoureux à la vue de l'image sensible que lui offre l'objet aimé [1] : Eros est « l'œil d'Aphrodite (l'âme) » [2] et tire son nom d'*horasis* (acte de vision) [3].

1. *Cf. 50* [III, 5], 2, 40.
2. *50* [III, 5], 3, 13.
3. *50* [III, 5], 3, 20.

QUATRIÈME SECTION

LA CONTEMPLATION PARFAITE DE L'INTELLECT (8, 1 – 48)

Aperçu général

Plotin reprend la montée vers la contemplation de l'Intellect en s'appuyant sur la convergence de plus en plus grande, quand on s'élève dans la contemplation, du sujet et de l'objet exprimée en termes d'appropriation et d'unification à propos de l'âme contemplative et particulièrement de l'âme du sage. En passant à la limite, on arrive à l'unité déjà toujours réalisée dans l'essence-même de l'Intellect où être et penser sont identiques (8, 1-10). Cette contemplation parfaite de l'Intellect dans l'unité est en même temps la vie et intellection parfaite d'où procèdent solidairement vie et contemplation à tous les degrés. Ainsi sont radicalement justifiés les développements précédents sur la nature et l'âme (8, 10-30). Mais cette parfaite unité de l'Intellect, et ceci prépare la montée jusqu'à l'Un, est unité d'une multiplicité, une unité originelle qui s'est déployée en multiplicité (8, 30-40), uni-totalité infini et indivise (8, 40-48).

1. *L'Intellect comme unité de l'acte de penser et de l'acte d'être, au sommet de la hiérarchie des contemplations* (8, 1-10)

La formule consacrée (« Voilà sur ces questions ») conclut les développements précédents. Cependant Plotin les résume pour faire ressortir une dynamique ascendante qui converge vers l'Intellect (**8, 1-6**). La traversée des divers degrés de contemplation (de la nature à l'âme) a montré une intensification progressive d'appropriation (*cf.* **6, 18, 21** et **22**), d'unification (*cf.* **6, 20**) de l'acte de contemplation et du sujet de cet acte. Pour le dernier de ces degrés, celui correspondant à l'âme sage de **6, 36-40**, Plotin ajoute le mouvement d'identification des objets connus avec le sujet qui les connaît (**8, 4-6**).

Il est remarquable qu'alors qu'en **6, 15-17**, de façon générale, il était question d'un mouvement d'identification du connaissant avec le connu, dans le cas du sage (*spoudaios*), ce sont les objets connus eux-mêmes, et non le sujet, qui semblent, de façon inattendue, à l'initiative de la dynamique d'identification, comme le souligne le jeu de mots intraduisible (*spoudaios* / *speudein)* : « les objets connus tendent à s'identifier au sujet (*hupokeimenon*), parce qu'ils s'efforcent d'atteindre (*speudô*) l'Intellect (**8, 4-6**) ». Le terme *hupokeimenon* suggère, si on le rapproche de son emploi en *38* [VI, 7], 40, 7-9 et 40, 47-48 une certaine passivité de l'âme conçue comme le support de l'activité de connaissance qui est son *epikeimenon* et qui s'y ajoute comme un attribut et le perfectionne en le faisant passer de la puissance à l'acte, par opposition à la pensée de l'Intellect qui lui est consubstantielle (*cf.* 40, 48). Ce passage de la puissance à l'acte correspond au processus d'identification des objets connus au sujet qui les connaît. L'âme devient de plus en plus substance pensante à mesure que ses objets lui deviennent moins extérieurs, moins hétérogènes, en s'identifiant à elle. L'âme qui se tournait vers l'action ou la discursivité extériorisait elle-même ses raisons en les écartant de leur origine intelligible, mais l'âme du sage, libérée de ces tendances, semble au contraire laisser ses objets s'identifier de plus en plus à elle. Et ce processus horizontal d'objets de connaissance qui tendent à se donner un sujet qui s'identifie à eux s'origine en une sorte de tropisme ascendant vers l'Intellect de ces objets connus, images des intelligibles, aspirant à un sujet – qui, comme intellect, les connaisse parfaitement comme purs intelligibles – et à l'identité avec lui.

Pour Plotin une telle unification et identification ne pourrait surgir d'une simple juxtaposition accidentelle d'un sujet et d'un objet, mais témoigne d'une unité et identité originelle supérieures visées comme fin et il peut conclure : « il est évident qu'au niveau de l'Intellect, les deux sont déjà un, non pas par une appropriation comme dans l'âme la plus excellente, mais par l'essence (*ousia*) et du fait qu'*être et penser, c'est la même chose* (**6, 6-8**). »

L'appropriation n'est qu'assimilation à la substance du sujet de quelque chose d'autre, comme un perfectionnement de la substance du sujet, tributaire d'un objet autre qu'elle. Cette altérité en interdépendance qui tend à l'identification postule donc à un niveau supérieur l'unité primitive d'une substance parfaitement autarcique dans laquelle coexistent inextricablement sujet pensant et objet pensé, parce qu'être pour l'Intellect, c'est indissociablement être pensé (en acte) et être pensant (en acte).

Ce qui intéresse ici Plotin, c'est le passage à la limite de la dualité sujet-objet dans la pensée de l'âme à l'unité dans l'Intellect, et il faut reconnaître que le rôle de l'acte de penser, que nous avons cru déceler en creux dans l'emploi du mot *hupokeimenon*, reste assez implicite jusqu'à la citation de Parménide (*fragment* B 3) qui identifie être et penser. On trouve plusieurs fois (cf. *5* [V, 9], 5, 29; *10* [V, 1], 8, 17; *36* [I, 4], 10, 6) chez Plotin cette citation donnée à l'appui de sa conception de l'Intellect : en *10* [V, 1], 8, 17-25, Plotin reconnaît que cette affirmation de Parménide fait de lui, avant Platon, le précurseur de sa propre doctrine, même si Platon a mieux tiré les conséquences de cette affirmation que son auteur : la mobilité et l'uni-multiplicité de l'être véritable, conséquences sur lesquelles Plotin reviendra plus loin dans notre traité.

La dualité de l'objet et sujet de la pensée, si l'on ne veut pas multiplier inutilement les degrés d'unité, converge bien dans cette unité de l'Intellect : « Il faut donc que les deux soient réellement cette unité-là (**8, 10**) ».

2. *L'Intellect, contemplation vivante* (**8, 11-30**)

Cette unité est immédiatement traduite en « contemplation qui vit (**8, 11**). Plotin paraît donc tirer de la seule affirmation de l'unité de l'être et de la pensée une conséquence évidente et se contenter de dire ce que n'est pas une contemplation vivante : « un objet de contemplation, comme celui qui est en autre chose (**8, 11**) ». C'est le statut de l'objet qui pose problème à un niveau inférieur de contemplation, ce qui situe d'emblée la vie du côté du sujet de la contemplation. Par ailleurs, dire qu'une chose est dans une autre, ce n'est que dire d'une autre façon la dualité, « qu'il y a une chose et une autre », dualité qui se résout dans l'identité comme intériorité réciproque. L'objet n'est vivant que dans la mesure où il est présent sous un mode ontique dans une âme et dépend d'elle, puisque « ce qui est en autre chose, est vivant grâce à celui-là (**8, 12**) ». Mais dans le cas de l'Intellect, l'objet de contemplation, l'être pensé n'est plus simplement dans un sujet, un être pensant et vivant qui l'envelopperait et dont une part lui resterait extérieure : il est coextensif à ce sujet, il est le même être que lui et est donc vivant par lui-même, « vivant en soi » (**8, 12**).

Des deux (être et penser) qui font un (Intellect), Plotin déduit, un peu à l'économie, un troisième terme (vivre), et, plus précisément, que l'intelligible est éminemment vie : « Si donc un objet de contemplation et d'intellection doit vivre, il doit être la vie en soi, non pas végétative ni sensitive ni celle du reste de l'âme (**8, 12-14**) ». Ainsi les degrés inférieurs de contemplation de la nature et de l'âme non raisonnable sont eux aussi directement reliés à la contemplation de l'Intellect et nous avons vu que même les raisons des êtres qui croissent sont des raisons vivantes, à l'exception de la dernière raison (**2, 37**), celle de la pierre détachée de la terre ou du morceau de bois coupé de l'arbre, qui à l'extrême opposé de l'intelligible n'est plus vivant, parce qu'il n'est plus en une autre chose grâce à laquelle elle était vivante. On comprend pourquoi la vie était ici le terme à déduire et le traitement particulier de la triade être, vie et pensée[1] que les auditeurs de Plotin devaient avoir à l'esprit.

Cette triade se fonde d'une part sur le « totalement étant » de *Sophiste* 248 e – 249 a où vie et pensée sont placées dans l'être, juxtaposées en une série ascendante : « Eh quoi, par Zeus ! Nous laisserons-nous si facilement convaincre que le mouvement, la vie, l'âme, la pensée, n'ont réellement point de place au sein du totalement étant, qu'il ne vit ni ne pense, et que, solennel et sacré, vide d'intellect, il reste là, planté, sans pouvoir bouger ? ». D'autre part, elle se fonde sur le passage de *Métaphysique* XII, 7, 1072 b 28-29 traitant de la pensée divine : « Et la

1. *Cf.* P. Hadot, « Etre, Vie, Pensée chez Plotin et avant Plotin », *Les Sources de Plotin*, Entretiens sur l'Antiquité classique, t. V, Vandœuvres-Genève, 1960, p. 107-141.

vie aussi lui [à Dieu] appartient, car l'acte de l'Intellect est vie et Dieu est cet acte et l'acte substituant en soi de Dieu est la vie la meilleure. » Cette affirmation d'Aristote est la conclusion de l'enchaînement suivant : l'intellect et l'intelligible sont identiques dans l'intellection, l'intellect est en acte quand il possède l'intelligible, l'acte est plus divin que la puissance, l'acte de contemplation est béatitude parfaite, cette béatitude que nous atteignons parfois, Dieu la possède toujours et à un degré supérieur. Chez Aristote, l'opposition acte / puissance est un moment essentiel à la démonstration que la pensée divine est vie, comme aussi dans la démonstration que Dieu est pensée de la pensée en *Métaphysique* XII, 9, 1074 b 17-35 qui exige que sa substance soit acte et non puissance.

Quand Plotin recourt à la triade à propos de son Intellect, les hypotextes platonicien ou aristotélicien sont plus ou moins explicitement activés et les trois termes, qui s'appellent mutuellement, n'interviennent pas dans le même ordre selon le propos. Par exemple, la vie est déduite de la plénitude de l'être du *Sophiste* dans les passages suivants : en *24* [V, 6], 6, 20-22 (« l'être est dans sa plénitude, quand il a la forme du penser et du vivre; donc penser, vivre et être sont ensemble en ce qui est »), en *26* [III, 6], 6, 10-16 (« L'être réellement être, qui l'est d'une manière totale, est nécessairement en une vie et une vie parfaite »), en *32* [V, 5], 1, 32-38 (« soit les intelligibles sont sans perception, privés de vie et d'intellect, soit ils possèdent l'intellect »). En revanche en *49* [V, 3], 5, 31-37, l'arrière-plan aristotélicien est plus sensible : « si la pensée et l'intelligible sont la même chose, – puisque l'intelligible est un acte : il n'est évidemment pas puissance ni bien sûr sans intelligence ni privé de vie, et la vie et la pensée ne sont pas introduites de l'extérieur dans quelque chose d'autre comme pour une pierre ou un être inanimé – l'intelligible est aussi la substance première. Si donc il est acte, le premier acte et bien sûr le plus beau, il sera pensée et pensée substantielle. »

L'unité de l'Intellect est donc contemplation vivante et l'intelligible est vivant en soi, archétype de toutes les vies partielles et participées dont traitaient les chapitres 1-6. À partir du moment où la vie en soi, dont dérivent graduellement toutes les vies, est essentiellement identique à l'intellection de l'Intellect, la hiérarchie des vies peut être assimilée « en quelque sorte » à une hiérarchie d'intellections, végétative, sensitive, psychique (**8, 14-16**). Plotin admet que cette assimilation peut susciter une certaine perplexité, la même que celle qui était formulée au début du traité (comment des êtres privés de raisonnement et même de représentation peuvent-ils contempler ? *cf.* **1, 4** et **22**) : « Comment sont-elles donc des intellections ? (**8, 16**) ». La réponse, « parce qu'elles sont des raisons », n'est qu'un renvoi aux chapitres 2 et 3 où Plotin a déjà montré que ce qui faisait que la nature était déjà contemplation, c'était la présence de raisons, à la fois principes de vie et formes porteuses d'intelligibilité, qui gardent donc en elles la trace de la contemplation qui vit, et qui pense. Il s'appuie également sur les deux différences de degrés entre la nature et l'âme supérieure qu'il distinguait en **4, 18** (la vie de l'âme supérieure est plus puissante) et **4, 28-30** (la contemplation de la nature est plus obscure, celle de l'âme, plus claire). Il opère maintenant une généralisation à tous les niveaux en transférant également à la vie le critère de gradation de la clarté : « Et toute vie est une intellection, mais l'une peut être plus obscure que l'autre, exactement comme pour la vie. Mais cette vie est plus claire : c'est aussi la vie première et l'Intellect premier qui est un (**8, 17-19**) ». Le transfert à la vie d'une qualification *a priori* plus propre au domaine de la connaissance justifie l'identification vie et intellection en même temps qu'il en découle : la vie de l'Intellect est « la vie première et la plus claire » (*22* [VI, 4], 18, 15-16), « vie claire, intellectuelle et belle » (*38* [VI, 7], 30, 39), vie claire (*49* [V, 3], 16, 29), la lumière de l'Intellect donne à l'âme une vie plus claire (*49* [V, 3], 8, 28). Mais plus intéressant, puisqu'on descend jusqu'à la vie des êtres irrationnels, et plus proche de notre texte, est le développement de *38* [VI, 7], 9, 17-20 : « il fallait qu'il y ait des vies qui diffèrent entre elles et de même pour les pensées : ces différences relèvent en quelque sorte du degré de luminosité et de clarté et selon la proximité avec les choses premières, elles sont premières, secondes ou troisièmes [animaux sans raisons, comme le cheval] ». Avec « la vie dernière, intellection dernière (**8, 20**) » nous devons descendre jusqu'aux êtres sans représentation.

Plotin conclut maintenant plus fermement que toute vie est une espèce du genre intellection, les différences spécifiques étant les différents degrés de clarté : « toute vie appartient à ce genre et est intellection » (**8, 21**). Plotin revient sur les difficultés, présentes dès le début du traité, que peut susciter une telle affirmation : si la plupart des gens peuvent assez facilement admettre que la vie est un genre comprenant des espèces différentes de vie, de la vie intellective jusqu'à la vie végétative, voire minérale, ils ne reconnaissent pas que toutes les vies tombent sous le même genre intellection, mais considèrent qu'il y a des vies qui sont intellection et des vies qui sont non-intellection, comme la vie végétative et celle des animaux sans représentation. La raison en est qu'« ils ne cherchent absolument pas ce que peut être la vie (**8, 24**) » : sans doute se contentent-ils de croire qu'à chaque degré de vie s'ajoute un attribut supplémentaire (locomotion, sensation, représentation, rationalité et intellection) que reçoit la vie de degré inférieur, alors que s'il considérait la vie dans son essence même, telle qu'elle est en soi dans l'Intellect, il verrait qu'elle est primitivement intellection et reste à tous les degrés intellection plus ou moins dégradée. Plotin souligne que sa description de l'Intellect comme contemplation vivante démontre encore une fois, à partir du sommet, ce qu'il s'est attaché à montrer dans les six premiers chapitres selon une démarche ascendante : « tous les êtres sont des dérivés de la contemplation (**8, 25-26**).

Plotin revient finalement à l'archétype de ces divers degrés de vie et d'intellection, à la « contemplation qui vit » et à son objet qui est « vivant en soi » de **8, 10-11**, pour retrouver l'unité de la dualité sujet pensant – objet pensé : « les deux sont un ensemble » (**8, 29-30**). Il la déduisait en **8, 9** de l'unité de l'être et de la pensée, il la déduit maintenant de l'identité de l'intellection et de la vie, non sans éclat rhétorique : triple répétition du superlatif « la plus véritable (*alêthestatê*) », le plus haut degré de vérité que garantit l'identité de l'intellect et de l'intelligible (cf. *49* [V, 3], 5, 37) et qui, ici, confirme aussi l'identité de la vie et de l'intellection, entrelacements de vie et de pensée, chiasme dans lequel la contemplation qui est vie embrasse l'objet de contemplation vivant.

C'est donc la vie qui est ici le moyen terme de l'identité : de l'identité de l'intellection et de la vie, il déduit que l'intellection vit de cette vie, et donc que la contemplation de l'Intellect est vie et vit de cette vie-là (et implicitement le sujet de cette contemplation qui vit de cette vie), et comme par ailleurs son objet de contemplation est vivant en soi et ne vit que de cette vie-là, les deux sont un.

3. *L'Intellect, comme un-multiple* (**8, 30-40**)

Cette démonstration de l'unité de la dualité semble en tension avec l'affirmation que l'Intellect est unité multiple : « Si donc les deux sont un, comment se fait-il qu'inversement cet un soit plusieurs ? (**8, 30-31**) ». La question suppose que les auditeurs savent qu'il s'agit là d'un point professé habituellement par le maître. Il s'inscrit dans le cadre du traitement exégétique que Plotin appliquait aux hypothèses du *Parménide* (cf. *10* [V, 1], 8, 24-25) : la première hypothèse, « l'un un » se rapportait à l'Un comme un (*hen*) absolu, au Bien, la seconde, « l'un qui est » à l'Intellect comme un multiple (*hen polla*), la troisième à l'Âme comme un et multiple (*hen kai polla*).

Pour comprendre la réponse de Plotin, il faut avoir à l'esprit sa doctrine de la genèse de l'Intellect à partir de l'Un, extrêmement condensée ici, mais plus largement développée dès les premiers traités et jusqu'aux derniers (cf. *10* [V, 1], 5-7; *11* [V, 2], 1; *24* [V, 6], 5; *38* [VI, 7] 15-16; *49* [V, 3], 11) : l'Intellect naissant émanant de l'Un est encore un et non pensant (in-intellectuel), il se retourne vers l'Un qu'il désire voir, mais ne pouvant le voir dans son unité indistincte, dans cette visée, il produit une image multiple de l'Un à l'intérieur de lui-même, exprime l'unité de l'Un transcendant en une multiplicité immanente d'intelligibles qui le rendent lui-même multiple et c'est alors qu'il devient Intellect pensant (intellectuel), Intellect multiple se pensant lui-même comme multiplicité de Formes. La description génétique présente comme successifs deux états qui sont en réalité les deux moments simultanés d'une éternelle genèse (Plotin le dit explicitement en *38* [VI, 7], 35, 27-30 : « c'est le discours d'enseignement qui présente ces choses comme si elles étaient dans le devenir ») : comme Plotin le dira plus loin en **11, 23-24** (l'Intellect « désire toujours et toujours obtient »), l'Intellect désire sans cesse saisir l'Un comme un objet un, et il obtient sans cesse la possession immanente de ses intelligibles multiples. On notera que la réponse de Plotin à la question « comment se fait-il que cet un soit plusieurs ? », joue sur plusieurs types de temporalité : d'abord le présent panchronique (*theôrei*, **8, 31**) de l'Intellect pensant, puis le présent itératif (*an* avec le subjonctif : *hot-an theôrêi*, **8, 31**) de la contemplation de l'Un, ensuite un présent de la genèse (*ginetai*, **8, 32**), mais comme contaminé par l'itératif précédent et enfin les aoristes (**8, 32-34**), distinguant un avant et un après, pour l'« histoire » de l'Intellect qui capte au passage le mythe platonicien de Poros.

Plotin répond donc d'abord : « parce que ce qu'il contemple n'est pas un **8, 31**) ». L'Intellect est multiple parce que l'objet de la contemplation de l'Intellect pensant n'est pas un, mais multiple (la multiplicité des Idées). Cela ne veut pas dire que c'est tout bonnement la multiplicité de son objet qui le rend multiple, mais que l'Intellect pensant ne peut saisir que du multiple, comme l'explique la phrase suivante : « Car même lorsqu'il contemple l'Un, ce n'est pas comme un » (**8, 31**). Nous avons gardé, comme la plupart des traducteurs, l'ambiguïté de l'expression (« comme un ») qui peut aussi bien être apposé à l'Un (l'Intellect ne contemple pas l'Un comme un objet un) qu'au sujet (L'Intellect n'est pas un quand il contemple l'Un), parce que les deux sont, en soi, également vrais et qu'il est fort possible que les auditeurs de Plotin comprennent d'abord « pas comme un » dans la foulée du « pas un » précédent, c'est-à-dire comme appliqué à l'objet de la contemplation de l'Intellect (c'est ainsi que comprend Bréhier).

Mais la suite montre que la question est bien ici celle du « devenir » de l'Intellect comme sujet : « Sinon, il ne devient pas intellect ». Et l'explication génétique qui suit lève toute ambiguïté puisque le « comme un » de l'état initial qui s'oppose au « pas comme un » précédent s'applique bien à l'Intellect, celui qui ensuite « est devenu multiple » : « Mais, s'il a commencé à le faire comme un, il n'est pas demeuré tel qu'il avait commencé, mais il est devenu multiple sans s'en apercevoir (**8, 33-34**) ».

Nous avons donc ici la description du passage à l'état de multiplicité de l'Intellect naissant qui, comme premier émané de l'Un, est un et donc pas encore Intellect. Le même passage de l'unité à la multiplicité est décrit en *38* [VI, 7], 16, 11-20 et *49* [V, 3], 11, 1-16, mais avec cette fois une focalisation sur le fait que l'Intellect se donne, à partir de la visée de l'Un qu'il ne peut voir, un objet multiple qui le fait passer de la simple puissance à l'acte de penser et le rend ainsi pensant et multiple, processus dont on retrouvera un écho en **11, 1-8** (passage de la faculté de voir, qui est une avant de voir, à l'exercice de cette faculté).

Il est devenu multiple, « sans s'en apercevoir, comme *appesanti par l'ivresse* (**8, 33-34**). Nous avons là une référence au mythe de la naissance d'Eros, fils de Poros et de Penia du *Banquet* (203 b 5-7) : « Poros qui s'était enivré de nectar [au banquet des dieux], entra dans le jardin de Zeus et, appesanti par l'ivresse, s'endormit. » ; et c'est dans ce lourd sommeil qu'il se fait faire un enfant par Penia. En *38* [VI, 7], 35, 11-20, Plotin s'intéressera à la phase euphorique de l'ivresse de Poros au banquet des dieux pour décrire l'état pré-noétique de l'Intellect, « épris d'amour », « insensé », « enivré de nectar » au contact de l'Un, ivresse préférable à son état « sensé », quand il pense. Dans notre texte, c'est après l'euphorie, la retombée dans un état de pesanteur et d'assoupissement, dans lequel, à l'écart, il engrosse Penia (Pauvreté), qui décrit la sortie de l'ivresse dans la multiplicité que l'Intellect produit en lui-même tout en devenant sensé et pensant (*cf. 49* [V, 3], 11, 26-27 : « c'est la pensée elle-même qui, en s'insinuant en lui, le rend multiple »).

Le passage de l'unité à la multiplicité est présenté comme un déploiement, un développement de soi : « et il s'est déployé lui-même, en voulant tout posséder (**8, 34**) ». Le terme, qui par ailleurs caractérise le déploiement de la raison spermatique (cf. *45* [III, 7], 11, 23-25 : « à partir d'une semence, la raison, en se déployant elle-même, avance vers la multiplicité » ; voir aussi *6* [IV, 8], 6, 8), sera illustré bientôt par la comparaison du cercle. Ce déploiement résulte du désir de tout posséder : l'Intellect ne se contente pas de sa présence extasiée auprès de l'Un qu'il ne peut saisir et dont il ne recueille rien encore, parce qu'en lui-même l'Un n'est rien, ne possède rien et est « au-delà de l'autosuffisance » (cf. *49* [V, 3], 17, 14), il veut aussi posséder l'Un comme quelque chose en lui, c'est-à-dire posséder tout en lui, devenir autosuffisant et il tombe ainsi en quelque sorte en lui-même au second rang. En principe, Plotin pense que le fait qu'il y ait une hiérarchie des réalités n'est pas en soi un mal, mais ici il semble considérer cette descente comme une erreur : « Comme il aurait été meilleur pour lui de ne pas vouloir cela, car ainsi il est devenu second ! ». À propos de ce passage, Armstrong parle d'une tonalité pessimiste inhabituelle chez Plotin, mais en contexte antignostique on peut aussi dire que le moins bon est l'ennemi du mal, d'autant que le moins bon n'abolit pas le meilleur, mais coexiste avec lui, comme le montrera le déploiement d'un cercle à partir d'un point : « C'est en effet comme s'il était devenu cercle en se déployant lui-même, à la fois figure, surface, circonférence, centre, rayons, choses les unes en haut, les autres en bas, meilleures au point de départ, moins bonnes au point d'arrivée (**8, 36-38**). »

Dans cette analogie, à l'état initial, l'Intellect encore un doit être représenté par un point[1], inétendu et indivisible et, à l'état final, l'Intellect après son développement doit l'être par un cercle dont le point initial est devenu le centre. Plotin ne cherche pas à décrire un processus de déploiement qui s'inspirerait du tracé d'un géomètre : le cercle déployé est donné immédiatement tout entier dans ses deux dimensions comme figure et surface, avec sa limite extérieure (circonférence), son point le plus intérieur (centre) et les rayons qu'on peut tirer entre ces deux extrêmes. Mais la mention de point de départ et point d'arrivée suggère que Plotin s'est représenté le déploiement lui-même comme une prolifération en tous sens de lignes à partir du point initial, lignes qui ne sont nommées rayons et point initial qui n'est nommé centre que lorsque ces lignes ont atteint la circonférence. C'est ce que vient confirmer l'analogie du cercle utilisée, dans une perspective un peu différente, en *39* [VI, 8], 18, 8-18, pour illustrer la relation entre l'Un et l'Intellect. Retenons de ce passage, que nous citerons plus longuement à propos de l'Un comme « puissance du tout » (**10, 1**), les deux points utiles ici :

- Plotin ne s'intéresse qu'aux rayons (à leur extrémité interne, du côté du centre), qui « partout » partent du centre et par lesquels le centre « se révèle comme développé sans avoir été développé » : ce sont bien les rayons issus du centre qui, de toute part, développent le centre.
- le centre est « plus grand » considéré en lui-même que comme extrémité interne d'un rayon.

Cette dernière affirmation correspond exactement à ce que va dire Plotin en **8, 40** : « le point de départ plus le point d'arrivée n'est pas tel que le point de départ à lui seul ». Si l'on visualise bien ce qui, dans

1. Plotin n'emploie pas ici le mot « point » (*stigmê*), n'impliquant aucune référence à telle courbe ou telle surface pour désigner l'état initial : il parle déjà de cercle comme on parle d'« Intellect pré-noétique ».

le cercle, est point de départ et point d'arrivée, on ne voit pas de haut et de bas dans cette figure plane : c'est donc le comparé (l'Intellect un, plus haut que l'Intellect déployé) qui contamine le comparant (le centre, extrémité interne des rayons meilleure que leur extrémité externe, point de la circonférence), haut et bas étant ici plus axiologiques que géométriques. La phrase « Car le point d'arrivée n'est pas tel que le point d'origine plus le point d'arrivée et, inversement, le point de départ plus le point d'arrivée n'est pas tel que le point de départ à lui seul (**8, 39-40**) », peut ainsi se traduire par la hiérarchie ascendante suivante :

point d'arrivée	Intellect déployé qui serait détaché complètement de son état originel
point d'origine + point d'arrivée	Intellect où coexistent les deux états (point de départ + point d'arrivée)
point de départ à lui seul	Intellect non déployé

L'Intellect tel qu'il est en fait, à la fois centre et circonférence, toujours naissant et toujours pensant, occupe une position médiane : s'il y avait mieux, il aurait pu y avoir pire.

4. *L'Intellect, comme un-tout* (**8, 40-48**)

Nous avons vu comment l'Intellect un se déployait en un multiple du fait de sa volonté de posséder non pas une multiplicité, mais une totalité (**8, 34**). A vrai dire, dans sa proximité immédiate avec l'Un, il n'y avait que deux possibilités pour lui, ne pas se déployer du tout ou se déployer comme tout, rester un ou devenir tout. C'est ce que montre maintenant Plotin : « Et, d'un autre point de vue, l'Intellect n'est pas l'Intellect d'une seule chose particulière, mais il est total, et en tant que total, il est l'Intellect de toutes les choses (**8, 40-42**) ».

Ce que Plotin veut dire ici, ce n'est évidemment pas que l'Intellect pense toutes les choses au sens où Aristote dit dans le traité *De l'âme* (III, 5, 430 a 14-15) que l'intellect passif ou agent devient ou produit toutes les choses : « l'Intellect n'est pas l'Intellect d'une seule chose particulière » veut dire que l'Intellect n'a jamais pour objet un intelligible particulier, comme la forme de cheval ou la forme de chien et qu'il ne peut penser une forme sans les penser toutes alors que je peux penser le cheval sans penser le chien. C'est en cela que l'Intellect est total et pense en même temps toutes les Formes (*panta*). Corrélativement, puisque l'Intellect s'identifie à son objet intelligible (cf. *7* [V, 4], 2, 45-48, s'appuyant sur Aristote, *De l'âme* III, 5, 430 a 2-5 et 7, 431 b 17), il est total, au sens où il est tout partout. La phrase suivante, « Il faut donc, puisqu'il est intellect total et intellect de toutes choses, que chacune de ses parties, elle aussi possède totalement et possède toutes choses (**8, 42-43**) », tire moins une conclusion qu'elle ne donne un équivalent, du point de vue de la partie, de ce qui vaut du point de vue du tout. Si, en effet, on admettait qu'une partie de l'Intellect ne pense pas totalement toutes les choses, il y aurait une partie de l'Intellect qui ne pense pas comme Intellect et que l'Intellect ne pourrait même pas penser comme Intellect, une partie partiellement aveugle et totalement obscure, un non-intellect dans l'Intellect : « sinon il aura une partie qui ne sera pas intellect, il sera composé de non-intellects et sera une sorte d'amas entassé, attendant de devenir Intellect à partir de tout cela (**8, 43-45**) ».

Un Intellect composé de non-intellects resterait un entassement qu'aucune unité-totalité ne pourrait *a posteriori* rendre intellect. L'Intellect ne peut être la résultante de l'addition de parties. L'Intellect doit être d'emblée total en toutes ses parties, conférer sa totalité à chacune de ses parties, ou il ne sera pas. L'Intellect doit être tout entier en chacune de ses parties et chacune de ses parties être l'Intellect tout entier. Ce n'est que dans le domaine spatialisé du monde sensible qu'une maison devient totale quand on a fini de juxtaposer des éléments, extérieurs les uns aux autres, qui sont tous non-maison. On trouve un traitement éclairant du rapport entre tout et parties au sein de l'Intellect dans le traité *49* [V, 3], dont le point de départ est un texte de Sextus Empiricus (*Adversus mathematicos* VII, 283-287) niant la possibilité de la connaissance de soi de l'Intellect avec des arguments qui justement reposent sur une partition de l'Intellect en parties pensantes et parties pensées (non pensantes) simplement conjointes. Plotin s'attaque à cette conception spatialisée de l'Intellect en combinant deux formules : l'Intellect est « un partout (*hen pantachou*, 15, 20) » et il est « tout réuni [en un seul point] (*homou panta*, 15, 21) », formule d'Anaxagore (*frg*. B 1) décrivant le mélange originel où tout se retrouve jusque dans l'infinitésimal. Notre commentaire de ce passage (*Traité 49*, p. 248-

249) peut aider à comprendre comment Plotin peut ici conclure immédiatement : « C'est pourquoi il est aussi, de cette manière, infini (**8, 45**) ». Nous écrivions en effet : « [les deux formules] rebondissent indéfiniment l'une sur l'autre pour évoquer l'extraordinaire densité de l'Intellect. L'unité est partout présente et la totalité concentrée en un point. Ainsi les deux formules réagissent l'une sur l'autre à l'infini : l'unité est présente à travers un tout qui est lui-même concentré en un point, mais on peut indéfiniment retrouver dans la concentration du point l'extension du tout à travers lequel, indéfiniment, l'unité se retrouve partout présente ».

L'Intellect est infini au sens où l'on ne peut absolument pas isoler la moindre partie qui ne serait pas encore le tout. Cette conception de l'infinité de l'Intellect pouvait s'appuyer sur les développements du *Parménide* (144 b-e) : en chaque partie de l'*Un qui est* on retrouve l'un et l'être et sans cesse on retrouve dans cet un l'un et l'être et dans cet être l'un et l'être. L'Intellect n'est donc pas addition de parties extérieures les unes aux autres qui constitueraient le tout, mais multiplication intérieure de parties indémêlables générées par le tout. Le chapitre consacré à la contemplation de l'Intellect s'achève sur le mode selon lequel il peut engendrer, impliqué par cette infinité-indivisibilité de l'Intellect : ne pouvant ni perdre ni donner aucun fragment de lui-même, il donne tout à ce qu'il engendre, sans rien perdre lui-même (**8, 47-49**).

DEUXIÈME PARTIE
(9, 1 – 11, 45)

L'UN-BIEN AU-DELÀ DE LA CONTEMPLATION

Aperçu général

La première partie a montré que tout vient d'une contemplation et est contemplation et nous a conduit jusqu'à l'archétype de toutes ces contemplations, la contemplation de l'Intellect, où l'on voit converger sujet et objet dans l'unité parfaite, vie et intellection parfaite, origine et fin de tous les degrés inférieurs. Tout est dit de la contemplation et le mot ne sera plus prononcé dans la fin du traité. Il n'y a pas de contemplation au-delà de la contemplation de l'Intellect. Mais l'Intellect qui se contemple lui-même dans l'unité d'une multiplicité ne peut être le terme ultime : il y a un au-delà de l'Intellect, un non-Intellect qui ne contemple pas et n'est rien de ce qu'est l'Intellect (9, 1-10, 35). Cependant cet Un est aussi le Bien qui, tout en même temps comme origine et comme fin transcendantes, comble sans cesse le désir incessant de l'Intellect, laisse en lui sa trace et le constitue dans toute sa beauté.

PREMIÈRE SECTION
(9, 1 – 10, 35)

L'UN AU-DELÀ DE L'INTELLECT

Aperçu général

Les caractéristiques de l'Intellect, multiplicité, nombre, dualité d'un sujet pensant et d'un objet pensé montrent qu'il ne peut être premier (9, 1-6). La possibilité de poser avant l'Intellect soit un pur intelligible non couplé à un intellect soit un pur intellect non couplé à un intelligible est refusée : il faut poser une réalité au-delà de ce couple (9, 6-13). Mais comment alors saisir par l'Intellect cette réalité qui n'est pas intelligible (9, 13-22) ? Par la face pré-intellectuelle de l'Intellect (9, 22-32). Par ailleurs, l'Intellect uni-total, étant vie et « parcours » du tout dans toute sa diversité jusqu'à la plus infime altérité, implique un principe qui soit avant ce tout (9, 32-54). Ce principe de l'Intellect comme tout est « puissance (productrice) du tout » qui elle-même doit demeurer indivise (10, 1-9). De même que pour chaque être il faut remonter à un « un », son principe qui demeure et qui est plus précieux, comment imaginer que pour les êtres véritables ce principe un n'est rien ? (10, 20-28). Ou alors un « rien » par excellence que toute prédication ferait déchoir de sa transcendance (10, 28-31). Les dernières lignes de cette section, amorçant la section suivante, invite à conjuguer vision intuitive de l'Un au-delà de l'Intellect et considération de l'Intellect dans sa relation au Bien (10, 31-35).

1. *Position de la thèse générale : l'un-multiple suppose un Un antérieur* (**9, 1-6**)

La description précédente a montré, sous divers aspects, l'unité de l'Intellect : comme dualité du sujet et de l'objet (**8, 1-10**) et de la vie et du vivant (**8, 10-30**) convergeant vers l'unité, comme unité originelle se déployant en multiplicité et descendant ainsi au second rang (**8, 30-40**) et enfin comme totalité conjurant le morcellement du multiple. Mais dans ces efforts mêmes pour manifester dans l'Intellect le degré maximum d'unité au regard des réalités inférieures, la multiplicité reste là irréductiblement multiple et, comme Plotin l'a déjà dit en **8, 35**, le prive du premier rang : « C'est pourquoi il n'est pas premier, mais il faut qu'existe cet *au-delà* de lui qui motivait déjà nos raisonnements précédents (**9, 1-3**) ». On retrouve ici le mot « au-delà » de *République*, 509 b 9 (le Bien est « au-delà de l'être »), dont Plotin se sert une quarantaine de fois dans les *Ennéades* pour exprimer la transcendance de l'Un-Bien par rapport à l'Intellect (comme être et comme pensée). Les « raisonnement précédents », qui étaient déjà orientés vers cet « au-delà », ne sont pas seulement ceux du chapitre précédent, mais plus généralement les premiers chapitres du traité (*cf.* l'expression analogue de *28* [IV, 4], 30, 17) qui montraient que les différents degrés de contemplation s'élevaient à mesure que la contemplation s'unifiait jusqu'à son archétype, la contemplation de l'Intellect : l'au-delà de l'Intellect est aussi un au-delà de la contemplation, qui ne contemple plus parce qu'il est la cause de toute contemplation.

Plotin donne trois raisons de la nécessité d'aller au-delà de l'Intellect. La première, « parce que la multiplicité est postérieure à l'unité (**9, 3**) » est un principe général dont la validité se constate à tous les degrés de l'être. La seconde raison est que l'Intellect est nombre : « par ailleurs il est nombre, tandis que le principe d'un nombre et de ce type de nombre, c'est ce qui est réellement un » (**9, 3-4**). Un passage du troisième traité de la tétralogie antignostique (*32* [V, 5], 4, 10-37) permet de mieux comprendre de quel type de nombre il s'agit ici. On peut en résumer ainsi l'argumentation qui vise elle aussi à montrer la transcendance de l'Un au-delà de l'Intellect. Il distingue le nombre « substantiel » (*ousiôdês*), lié à la structure même de l'Intellect (« il fournit sans cesse l'être à la pensée », 18) et le nombre « d'une quantité » composé par addition. Or le rapport du nombre d'une quantité à l'unité qui en est le principe « imite » le rapport du nombre substantiel à ce qui est réellement un (22). Dans le cas du nombre d'une quantité, il faut distinguer deux types d'unités : l'unité qui compose le nombre par addition successive (le 1 dans 5 = 1 + 1 + 1 + 1 + 1) et l'unité qui fait que 5 est *un* nombre et qui transcende les unités composantes engendrant le nombre et « demeure où elle demeure », la même unité qui fait qu'une armée composée d'une multitude de soldats est *une* armée, une maison, grande ou petite, *une* maison. C'est cette unité transcendante qui est la cause de l'être des nombres arithmétiques (comme de toutes les réalités du monde sensible), tandis que l'autre unité (qui elle aussi participe à l'unité transcendante) produit le nombre 5 ou le nombre 3. De la même façon, l'Intellect, comme nombre substantiel, exige une unité transcendante, « ce qui est véritablement un », qui, bien plus encore, demeure au-delà du nombre substantiel et n'a pas besoin, pour le générer, d'une unité immanente à l'Intellect qui par addition le composerait comme nombre substantiel (*32* [V, 5], 5, 1-7). On remonte ainsi directement de l'Intellect comme nombre à l'Un. La troisième raison nous ramène à la dualité du sujet et de l'objet de la pensée dont Plotin a montré la résolution en unité quand on remonte à l'Intellect en **8, 10 et 29-30**. Ici l'expression de l'unité est moins forte : l'Intellect est simplement « intellect et intelligible ensemble, en sorte qu'il est les deux ensemble (*9*, 5) ». La distinction des deux demeure et « il faut admettre ce qui est avant le "deux" (*9*, 6) ». Si Plotin conçoit pour l'essentiel son Intellect sur le modèle aristotélicien, avec l'identité entre l'intellect et l'intelligible dans l'acte d'intellection (*Métaphysique* XII, 7, 1072 b 21) et en conséquence la conception de Intellect divin comme Pensée de la pensée (*Métaphysique* XII, 9, 1074 b 34), il ne cesse de contester (cf. *24* [V, 6], 1-6 ; *38* [VI, 7], 36-42) l'affirmation que la Pensée de la pensée est la réalité première, du fait justement qu'elle implique encore la dualité de l'intellect et de l'intelligible. Plotin intègre la Pensée de la pensée aristotélicienne, mais en la subordonnant à l'Un-Bien platonicien.

2. *Le couple intellect et intelligible et ce qui est au-delà des deux* (**9, 6-13**)

Il faut donc un au-delà de l'Intellect, un au-delà de la dualité intellect-intelligible. Mais quel est cet un avant le deux ? La réponse de Plotin est donnée dans un dialogue avec un interlocuteur fictif, mais qui, on le verra, peut s'inspirer de solutions effectivement données, voire par Plotin lui-même dans ses enseignements antérieurs. Les deux solutions rejetées par Plotin, qui auraient le mérite de conserver la continuité entre les deux niveaux, consistent à poser comme principe transcendant l'un des termes de la dyade : « L'Intellect seul (**9, 6**) » ou « l'intelligible lui-même (**9, 10**) ».

La première solution qui envisage un Intellect sans objet intelligible se trouve chez Numénius : « si l'essence et l'Idée sont de l'intelligible et si l'Intellect leur a été reconnu antérieur et supérieur, comme leur cause, c'est lui seul qui s'est avéré le Bien (*Fragment* 16, traduction Des Places) » et « ce premier (dieu) pense en s'adjoignant le second (*Fragment* 22, Des Places) ». Il semble que Plotin n'ait pas toujours été hostile à une distinction entre deux intellects du genre de celle de Numénius. En effet, dans un écrit de jeunesse, que Porphyre a placé dans le recueil de « considérations diverses » qui constituent le traité *13* [III, 9], traitant du problème exégétique posé par un passage du *Timée* (39 e) : « L'intellect voit les Idées qui sont dans l'animal en soi » (1, 1-3), Plotin s'oppose à l'interprétation (1, 3-10) selon laquelle les Idées seraient antérieures à l'Intellect (interprétation qui correspond à la deuxième solution de l'objectant) en arguant que littéralement rien n'empêche qu'ils soient tous deux une seule chose (1, 10-15), mais il ajoute un argument : « Rien n'empêche que l'intelligible soit aussi un intellect en repos, dans l'unité et la tranquillité, tandis que l'intellect qui voit cet intellect-là qui reste en lui-même est un acte venant de celui-là qui contemple celui-là ; et voyant celui-là, il est pour ainsi dire l'intellect de celui-là, parce qu'il pense celui-là ; mais pensant celui-là, il est lui aussi intellect et intelligible d'une autre façon, par imitation (1, 15-20) ». Ce texte, où Plotin ne faisait finalement que substituer à un intelligible antérieur un intellect en repos antérieur à un intellect qui le pense, envisage une distinction de deux intellects très proche de celle qu'il condamnera dans le quatrième traité de la tétralogie : « une intelligence dans une sorte de repos et une intelligence comme en mouvement » (*33* [II, 9], 1, 26-27) et « un intellect qui pense et un autre qui pense qu'il pense (34) ».

Dans le *Traité 13*, l'intellect en repos n'était nullement assimilé à l'Un-Bien, mais dans un traité encore antérieur, il était question d'une sorte de conscience de l'Un « en un éternel repos et une pensée différente de la pensée de l'Intellect » (*7* [V, 4], 2, 19-20), tandis que, dans les lignes précédentes, Plotin ne craignait pas d'affirmer l'antériorité et la supériorité, évoquées en des termes qui conviendraient à l'Un, de l'intelligible sur l'Intellect : « Mais comment l'Intellect vient-il de l'intelligible ? Voici comment : l'intelligible reste en lui-même et n'a pas de besoin comme en a ce qui voit et ce qui pense » (13-16). Bref, en sept lignes, nous retrouvons assumées les deux termes de l'alternative de l'objecteur de notre traité : un Un qui est quand même, si l'on peut dire, un peu intellect et pas mal intelligible. L'Un est encore qualifié d'intelligible dans un texte d'une parfaite orthodoxie plotinienne : « L'Intellect qui possède un objet intelligible ne saurait exister, s'il n'y avait une réalité purement intelligible, intelligible relativement à l'Intellect, mais en elle-même ni pensante ni intelligible à proprement parler (24 [V, 6], 2, 7-9) ».

Dans notre passage, il n'y a plus de trace de ces flottements, même dans l'expression. Pas le moindre intellect sans intelligible, pas le moindre intelligible sans intellect : « à tout intellect est couplé l'intelligible (**9, 7**) » et « l'intelligible lui aussi est couplé à l'intellect (**9, 11**) ». Le verbe « coupler » est le pivot de la réponse à l'une et l'autre solutions proposées. Nous avons vu dans notre introduction que l'emploi réitéré de ce verbe, jamais utilisé par ailleurs par Plotin pour la relation intellect-intelligible, pouvait être une référence ironique aux syzygies gnostiques qui multiplient artificiellement le nombre d'entités divines, alors qu'ici il s'agit d'éviter un dédoublement inutile tout en délimitant nettement les trois hypostases. La réponse de Plotin aux objections formulées est purement négative : l'au-delà de l'Intellect n'est aucun des termes du couple intellect-intelligible, mais seulement l'origine des deux à la fois.

3. *Comment se représenter cet au-delà de l'Intellect?* (**9, 13-22**)

À cette réponse négative Plotin laisse réagir assez longuement (**9, 13-22**) son interlocuteur fictif, en lui prêtant même une pointe d'exaspération. Il réitère sa question de **9, 6** en **9, 13** (« Qu'est-ce donc ? »), comme si la réponse de Plotin n'avait pas fait avancer d'un pas la réflexion et, pire encore, empêchait toute représentation mentale, impliquant quelque qualité positive, de cet « au-delà » de l'Intellect : « comment nous le représenterons-nous ? (**9, 13-14**) ». Le deux « comment » contradictoires (**9, 14**, pensant / non pensant[1]) sont exclus : « pensant, il sera intellect », mais Plotin l'a exclu ; « non pensant, il ne se connaîtra pas non plus lui-même », mais l'interlocuteur ne peut l'imaginer. Il se souvient du texte d'Aristote sur l'intellect divin, qui se connaît lui-même, et reprend l'objection que celui-ci formulait (*Métaphysique* XII, 9 1074 b 17-18) dans la même alternative qu'ici (soit il ne pense rien ..., soit il pense ...) : « qu'aura-t-il de *vénérable* ? (**9, 16**) ».

Cette objection ne prétend pas remettre en cause la doctrine du maître, elle n'est qu'un moment de la perplexité de l'élève qui aurait besoin d'être persuadé par une rhétorique plus suggestive : « Car même si nous disions qu'il est le Bien et qu'il est éminemment simple, tout en disant vrai, nous ne dirons pas pour autant quelque chose de clair et d'évident tant que nous n'aurons rien sur quoi appuyer notre pensée (*dianoia*) pour le dire (**9, 16-19**) ». Il ne doute pas que les propositions « il est le Bien » et « il est éminemment simple », qu'il a entendues plus d'une fois et dans lesquelles il condense fort pertinemment la pensée du maître sur l'« au-delà de l'Intellect », soient vraies, et il veut bien les redire avec les membres de l'école (la première personne du pluriel exprime ici cette solidarité), mais ces mots ne lui parlent pas, n'impriment pas dans la faculté de représentation (*phantasia*) de l'âme, comme sait normalement le faire une bonne rhétorique, d'images assez fortes (claires et évidentes) pour servir d'appuis à la pensée discursive (*dianoia*), c'est-à-dire pour remonter à un intelligible dont elles pourraient être la trace.

1. Chez Plotin le privatif *a-noêton* (privé de pensée) ne s'oppose pas à *noêton* : l'*a-noêton* est en même temps privé de pensée et privé d'intelligible.

Non seulement les mots de Plotin sont incapables de susciter l'élan de la *dianoia* vers la connaissance, mais ils l'en découragent radicalement puisque, si c'est par l'Intellect qu'elle accède à toute connaissance, y compris celle de l'Intellect lui-même (**9, 20-21**), et que lui est donc imposée l'intelligibilité de son objet, comment alors ne pas désespérer d'atteindre « cette réalité qui transcende la nature de l'Intellect » et n'est donc absolument pas intelligible ? En effet, « par quelle intuition indivise serait-elle saisie ? (**9, 21-22**) ». Plotin prête à son interlocuteur une expression, « intuition indivise (*epibolê athroa*) », que lui-même ne désavouerait pas pour caractériser une sorte de toucher (cf. *38* [VI, 7], 35, 21) immédiat, indistinct et global (cf. *35* [II, 8], 1, 40 ; *45* [III, 7], 1, 4 ; *7* [IV, 4], 1, 20), excluant toute discursivité (*12* [II, 4], 10, 5) et tout « parcours » (*cf.* **9, 32-39**) intellectuel. Le verbe « être saisi », dont l'emploi courant s'applique à quelque chose qui ne songe qu'à s'échapper, est utilisé ailleurs par Plotin pour la saisie de la matière (*25* [II, 5], 4, 16) et celle de l'infini (*34* [VI, 6], 3, 16) : apparemment, au terme de son raisonnement, l'interlocuteur ne voit pas de réponse possible. Il a cependant bien préparé le terrain en excluant une saisie intellectuelle de l'Un.

4. *Réponse : nous le saisissons par ce qui en nous n'est pas Intellect* (**9, 22-32**)

Plotin va justement montrer qu'une saisie non intellectuelle est possible pour nous. La réponse s'appuie sur le principe de la connaissance du semblable par le semblable qui, appliqué à la sensation, remonte au moins à Empédocle (*Fragment* 31 B 109), mais s'était étendu au domaine de l'intelligible et au supra-intelligible (cf. *9* [VI, 9], 11, 32 : « c'est par le principe que l'on voit le principe et c'est le semblable qui s'unit au semblable »), notamment avec l'œil « de la forme du soleil (*hêliœidês*) » de *République* 508 b 3 (cf. *1* [I, 6], 9, 31) et plus précisément la rencontre du semblable (la lumière intérieure à l'œil) avec le semblable (la lumière extérieure) de *Timée* 45 c 4 en résonnance avec l'« assimilation à dieu » de *Théètète* 176 b 1. On peut donc saisir l'Un « par ce qui en nous lui est semblable. Car en nous aussi il y a quelque chose de lui (**9, 23**) ». Ce « quelque chose de lui en nous » a peut-être quelque chose à voir avec cet « un », qui est en chaque chose, à partir duquel on peut remonter à l'absolument un, comme le dira **10, 20-23**, mais Plotin ne veut pas parler ici d'une remontée spéculative vers l'Un à partir de sa trace en nous et en tout cas il corrige son expression : « Ou plutôt, il n'y a pas de lieu où il n'est pas pour ceux qui sont capables de participer à lui. Car ce qui est partout présent, où que tu places ce qui est capable de le posséder, c'est de là que tu le possèdes (**9, 23-26**) ».

L'Un est présent partout, il n'est pas spécialement présent en nous et, par ailleurs, la similitude recherchée est d'abord envisagée comme une participation avec à l'arrière-plan la fameuse question de *Parménide*, 131 a-c : comment une multiplicité de participants participent-ils à un unique participé, totalement ou partiellement? Mais la question est ici transposée sur le plan gnoséologique : comment un seul et même objet peut-il être saisi par tout sujet capable de le posséder? La réponse est l'ubiquité de l'Un. Cependant, le sens de la conclusion qu'en tire Plotin (« c'est de là que tu le possèdes ») n'est pas si clair : il me semble qu'il veut dire que le point de la saisie (en nous) coïncide avec un point où se trouve l'objet saisi comme dans une sorte de toucher immédiat, mais un toucher de l'objet tout entier, puisque l'Un est bien sûr tout entier en tout point. Plotin aurait bien ainsi répondu à la question de la possibilité d'une sorte d'« intuition indivise » dont parlait son interlocuteur.

La comparaison avec le son qui remplit un espace vide en même temps que les gens qui s'y trouvent permet de se représenter un objet de perception à la fois omniprésent et totalement perçu là où se trouve l'organe : « quel que soit le point de l'espace vide où tu places l'oreille, tu recevras le son tout entier et pourtant, en un autre sens, tu ne le recevras pas tout entier (**9, 26-28**) ». Comme l'Un, le son est partout où il y a une oreille pour le recevoir et à l'endroit où se trouve cet organe, il est présent tout entier au sens où l'oreille n'en reçoit pas seulement une partie, même si bien sûr, et cela vaut aussi pour l'Un, elle ne le reçoit pas totalement au sens où elle ne le reçoit qu'à partir d'un point à la fois et non pas dans son ubiquité.

Sans doute Plotin fait-il appel ici simplement à l'expérience que chacun a du phénomène, mais l'évocation du phénomène pouvait s'enrichir des réflexions sur la sensation qu'il venait d'exposer en *29* [IV, 5], 1-5. Il se demandait s'il fallait un contact de l'organe avec les choses connues; la question ne se posait évidemment pas pour le toucher, mais pour la vue et l'ouïe (1, 13-16). Dans ces deux cas la question se ramenait à celle de la nécessité ou non d'un médium auxiliaire de la sensation[1]. Plotin montre que l'air n'est affecté ni par la couleur ni par le son et que ce n'est pas la portion de l'air affecté contiguë à l'organe qui est perçue mais la couleur ou le son eux-mêmes, et qu'il vaut mieux parler de « sympathie » : « s'il est dans la nature d'une chose d'être affecté par une autre sous le mode de la sympathie, parce qu'elle a une ressemblance avec elle, le milieu ne saurait être affecté quand il n'est pas semblable » (1, 35-37). Cette sympathie résulte de l'appartenance commune à un seul et même être vivant qu'est l'univers (2, 26-27; 3, 37-38).

Si, dans l'explication par la sympathie, l'air ou tout autre corps situé entre l'objet et l'organe n'est pas un transmetteur, il n'en reste pas moins un obstacle qui amortit la sensation (2, 22-25). On comprend que dans notre texte, Plotin réduise au maximum cet effet d'amortissement en plaçant son expérience, comme il le souligne, dans un espace vide (de corps plus denses que l'air). On notera au passage que le toucher, « si rien ne faisait obstacle [s'il n'y avait pas d'air dans l'espace intermédiaire], sentirait même l'objet à distance (4, 24-25) ». Dans le cas de l'audition, Plotin précise qu'il n'y a pas besoin d'air pour que le son se fasse entendre : « il suffit de l'entrechoc de corps, du fracas, et cette frappe, parvenue à la sensation est le son » (5, 23-25). C'est donc le son lui-même, tel qu'il est à l'origine, qui est perçu immédiatement à l'endroit de la sensation. Si, déjà dans le cas de la perception sensible, l'unité de l'univers est capable de causer la sympathie qui assure l'ubiquité du son dans l'espace concret et, malgré la distance, la mise en contact directe du son tout entier et de l'oreille, il n'est pas si difficile de se représenter que l'Un lui-même est immédiatement tout entier présent au contact de ce qui est capable de le posséder.

1. Sur cette question, voir E. K. Emilsson, *Plotinus on sense-perception*, Cambridge, University Press, 1988, notamment p. 36-62.

L'objecteur réitère sa question : « Qu'est donc ce que nous recevrons, si nous tendons vers lui un intellect ? ». La question est clairement embrayée (« nous recevrons » reprend « tu recevras ») sur ce qui précède : l'interlocuteur veut bien admettre ce que Plotin vient de dire, il a bien reconnu dans l'oreille en question l'Intellect qui se connaît lui-même et par lequel nous connaissons nous-mêmes les autres choses, comme il le disait plus haut (**9, 19-20**), et il ne doute pas non plus que nous puissions nous identifier à lui. Mais sa perplexité demeure intacte : que peut bien recevoir un intellect, fût-il l'Intellect, sinon un intelligible ?

Cette fois encore, Plotin ne répond pas à la question, mais il la corrige : la capacité de posséder l'Un n'est pas un intellect, mais justement quelque chose de l'Intellect qui n'est pas totalement intellect : « Ne faut-il pas plutôt que l'Intellect en quelque sorte se retire en arrière, en allant en quelque sorte jusqu'à s'abandonner lui-même à ce qui est en arrière de lui, puisqu'il est biface[1], et que ce côté-là[2], s'il veut voir cette réalité-là, ne soit pas totalement intellect ? (**9, 29-32**) ». L'Intellect est « biface » : ces deux faces sont la traduction spatiale des deux phases de la description génétique de l'Intellect qui en fait coexistent toujours : la face tournée vers l'arrière correspond à la phase où l'intellect pré-noétique est encore un, est seulement tourné vers l'Un et ne pense pas encore, et l'autre face à la phase de l'Intellect constitué qui se pense lui-même en pensant et produisant simultanément les intelligibles. La face arrière est aussi la face intérieure, tournée vers son origine, de l'Intellect et c'est comme une retraite, une anachorèse de l'Intellect vers ce qu'il y a de plus intérieur en lui, au prix de l'abandon de ce qui en lui est le plus extérieur, qui semble abolir le moment vers l'extérieur qu'il l'a constitué comme Intellect se possédant lui-même. Plotin ne peut que recourir à des mots qui s'appliqueraient bien à notre propre conversion, mais sont évidemment impropres pour l'Intellect qui doit

1. ἀμφίστομος. Sur cet unique emploi du mot chez Plotin en relation avec les Oracles chaldaïques et la polémique antignostique, nous ne pouvons que renvoyer à l'article de L. Soares, « L'emploi du terme "ἀμφίστομος" dans le grand traité antignostique de Plotin et dans les Oracles Chaldaïques », *in* M. Tardieu et H. Seng (éd.). Actes du Colloque International *Die Chaldaeischen Orakel. Kontext – Interpretation – Rezeption*, 2010, p. 163-178.

2. Ce qui est en arrière de lui.

pourtant bien être le modèle de tout mouvement de conversion vers l'Un (*cf.* le « retranche tout », dernier mot de *49* [V, 3]) et de tout contact mystique avec lui. En tout cas, la face intérieure ou phase originelle de l'Intellect, ne voit ni ne possède l'Un comme l'Intellect voit et possède l'intelligible.

5. *L'Intellect, étant « parcours » et multiplicité variée, ne peut être le principe* (**9, 32-54**)

Après avoir montré ce que pouvait être une saisie non intellectuelle de l'Un qui est au-delà du couple intellect-intelligible par ce qui en l'Intellect n'est pas intellect, l'Intellect naissant qui ne pense pas encore, Plotin repart de l'Intellect « lui-même », l'Intellect déployé qui pense les formes intelligibles : « Lui-même est en effet vie première, parce qu'il est un acte *en parcours*[1] de toutes choses » (**9, 32-34**) ».

La phrase est introduite comme une confirmation du fait que l'Intellect ne pouvait saisir l'Un sous le même mode que la multiplicité intelligible. Il repart des acquis de **8, 19-30** : L'Intellect est « vie première » et « intellection première », c'est cette intellection première qui fait que l'Intellect est vie première et cette intellection vit et fait être vivant ce qu'elle contemple. Il croise ces acquis avec ceux de **8, 40-43** : l'Intellect n'est pas l'Intellect d'une seule chose particulière, mais de toutes les choses. Plotin affirme donc que l'Intellect ne serait pas vie première s'il n'était « acte en parcours de toutes choses », c'est-à-dire une intellection de toutes choses définie comme un parcours de toutes choses, qui les produit en les pensant (cf. *49* [V, 3], 11, 26-27 : « c'est la pensée elle-même qui, en s'étant pour ainsi dire insinuée en lui [l'Intellect], le rend multiple »).

Ces lignes, comme les suivantes (**9, 34-37**) sont extrêmement denses et ne peuvent être comprises si l'on n'en connaît pas l'arrière-plan tel qu'il est largement explicité en *38*, [VI, 7], 13-14, dans un développement convoquant à la fois le « vivant total » (*Timée* 31 b 2) qui contient tous les vivants intelligibles, lui-même assimilé au « totalement étant » (*Sophiste* 248 e 7-8) qui implique mouvement, vie et pensée, les cinq genres de l'être du *Sophiste*, « le parcours et l'errance à travers toutes les choses »

1. *Cf.* note à la traduction.

(*Parménide*, 136 e 1-2) sans lesquels on ne peut rencontrer le vrai et acquérir l'intellect, la Plaine de Vérité (*Phèdre* 248 b 6), le mélange de même et d'autre constituant l'âme du monde de *Timée* (35 a – b).

Dans ce développement du *Traité 38*, Plotin commence par affirmer que l'acte de l'Intellect « est à la fois tous les actes » (13, 4) et c'est bien ainsi qu'il faut comprendre notre passage : l'Intellect est acte de toutes choses, même si cet acte est en même temps « parcours de toutes choses ». Cet acte est immédiatement assimilé à un mouvement, qui certes se fait « de la même manière et dans l'identité » (13, 5), mais l'Intellect ne se meut cependant pas « comme s'il était seulement identique lui-même et une seule chose particulière, mais comme étant toutes les choses (13, 5) ». Cela implique que son mouvement ne peut être conçu comme un mouvement rectiligne uniforme traversant un milieu homéomère et sans diversité (13, 7-10) : « S'il n'y a en lui aucun changement, si aucune altérité ne l'éveille à la vie, il ne saurait non plus être acte. Car un tel état ne différerait pas de l'inactivité. Et si son mouvement n'était pas un mouvement de ce genre, sa vie ne serait pas une vie sous tous les modes possibles, mais seulement sous un seul mode. Mais il faut que l'Intellect vive toutes les vies et sous tous leurs modes et qu'il n'y ait rien qu'il ne vive. Il faut donc qu'il se meuve dans toutes les directions ou plutôt que son mouvement soit en même temps achevé dans toutes les directions (13, 11-16) ».

Nous retrouvons là le lien fait dans notre passage entre acte et vie, vie de toutes les vies et en même temps acte de toutes choses. Et la condition nécessaire pour que l'Intellect soit vie totale et acte total est ce mouvement de traversée en tous sens de l'altérité, qui dans notre passage est simplement mentionné comme « parcours de toutes choses ». On remarque le même souci d'écarter toute représentation de temporalité et de durée comme dans le cas de la raison discursive : là c'est un parfait qui corrige le présent, ici un aoriste : « non pas un parcours en train de parcourir, mais qui a déjà parcouru » (**9, 34-35**). En effet, sans ce genre de précision, « en parcours » est caractéristique de la pensée discursive, comme dans un texte (*43* [V, 2], 21) qui explique pourtant lui aussi comment l'Intellect possède toutes choses en subsistant dans son unité, mais qui oppose l'intellection de l'Intellect à une intellection

« en parcours » (21, 28), tout en disant un peu plus loin que l'Intellect « traverse, ou plutôt a sans cesse déjà traversé » (21, 31).

La traversée en tous sens de l'altérité se fait donc aussi, si l'on peut dire, en profondeur, au sens où il n'y a aucun degré, même infime, d'altérité que l'Intellect ne saisisse dans son mouvement, comme il est dit en *38* [VI, 7], 13, 24-29 : « étant identité totale et altérité totale, il n'y a aucune altérité qui lui échappe. Il est donc dans la nature de l'Intellect de "s'altérer" en tout ». En tout, c'est-à-dire en chacun des êtres un à un : « l'Intellect actue [les êtres] sans cesse l'autre après l'autre ». Citons un dernier passage qui résume bien le développement du Traité *38*[1] : « Donc l'Intellect est intellection et celle-ci est le mouvement total accomplissant l'essence totale, et l'essence totale est l'intellection totale embrassant la vie totale ; et après un "autre", il y a toujours un "autre" et tout ce qui de lui [Intellect] est "même" est aussi "autre" et pour lui qui divise toujours l'"autre" réapparaît (13, 42-44) ».

On comprend alors mieux comment Plotin peut dans notre traité assimiler immédiatement en **9, 35-36** : « s'il est vraiment à la fois vie et parcours » et « s'il possède toutes choses en détail et non en bloc ». Dans son parcours, l'Intellect saisit en même temps qu'il produit la moindre altérité, la moindre distinction. S'il y avait en lui quelque chose qu'il possédait seulement de manière globale, ce serait une chose sans vie, sans acte, ni intellect ni intelligible, qu'il n'aurait pas produite, qui aurait arrêté son parcours et l'aurait empêché d'être Intellect. Il est de la nature même de l'Intellect déployé de n'être et de ne saisir qu'une multiplicité variée et c'est pourquoi, comme Plotin l'a dit plus haut, il ne peut saisir l'Un que sous un mode non intellectuel.

Mais si l'Intellect ne doit qu'à lui-même de se constituer comme multiplicité dans un parcours où il devient sans cesse autre, il a besoin d'un principe pour que ce parcours soit toujours identique à lui-même, qu'il ne parcoure pas seulement une multiplicité, mais une uni-multiplicité et totalité : « il faut qu'il provienne de quelque chose d'autre, qui n'est plus en parcours, mais principe du parcours, principe de la vie, principe de l'Intellect et de tout (**9, 37-39**) ».

1. On lira le commentaire de P. Hadot, *Traité 38*, p. 246-252.

En **9, 1-6**, Plotin justifiait l'existence d'un au-delà de l'Intellect par l'antériorité de l'unité sur la multiplicité et par le fait que, étant nombre essentiel, il devait avoir pour principe « ce qui est réellement un » : l'Un n'était pas seulement antérieur à la multiplicité, mais principe de la multiplicité ou plus précisément principe de l'uni-multiplicité. On retrouve dans les lignes suivantes cette convergence entre simplicité et statut de principe, mais appliquée maintenant au concept de totalité et par là à tous les autres termes, parcours, vie, Intellect, qui impliquent une totalité : « Car le tout n'est pas principe, mais le tout vient d'un principe tandis que celui-ci n'est plus le tout ni quelque chose du tout, afin d'engendrer le tout et afin de ne pas être multiplicité, mais principe de la multiplicité ; en effet, partout ce qui engendre est plus simple que ce qui est engendré. Si donc ce quelque chose d'autre a engendré l'Intellect, il doit être plus simple que l'Intellect (**9, 39-43**) ».

Il faut comprendre que, dans cette dernière phrase, le tout (*ta panta*), même s'il semble d'abord être une simple reprise du tout (*tôn pantôn*) qu'est l'Intellect, est le tout considéré en général et non pas le tout que constitue d'une manière bien particulière l'Intellect dans un parcours qui génère ses parties : dans le cas particulier de l'Intellect, on pourrait avoir l'impression que le tout qui génère ses parties est principe de ses parties et c'est cette impression que va corriger la considération du rapport qu'entretient n'importe quel tout (y compris l'Intellect) avec son principe. Un tout, étant constitué d'une multiplicité de parties immanentes dont il a besoin pour être tout, résulte de la réunion de ses parties et n'est donc pas principe de cette réunion. Il n'est pas principe, mais vient d'un principe (*cf.* l'alternative d'Aristote, *Physique* III, 203 b 6 : « absolument tout est principe ou vient d'un principe »). Ce principe ne peut être donc être le tout lui-même, ni une partie de ce tout, puisqu'une partie immanente ne peut être principe du tout (cf. *49* [V, 3], 11, 17-18 : « ce n'est pas l'origine qui est immanente, mais les constituants »), si l'on veut qu'il engendre le tout, il doit aussi transcender la multiplicité du tout pour être principe de cette multiplicité selon la loi générale qui veut que le principe qui engendre soit plus simple que ce qu'il engendre. Donc le principe d'un tout n'est ni ce tout, ni partie de ce tout et il doit être plus simple que ce tout. La phrase suivante en tire la conclusion pour l'Intellect lui-même comme tout : Le « quelque chose d'autre » d'où vient l'Intellect de **9, 37** est plus simple que l'Intellect. Plotin ne pouvait tirer une conclusion plus forte (comme « est véritablement un ») d'un raisonnement général qui vaut aussi pour l'Intellect plus simple que l'âme et l'âme plus simple que le monde sensible. Plotin reprend plus systématiquement dans les lignes suivantes (**9, 44-54**) la question des rapports entre tout, parties du tout et principe. Il se place dans le cas de l'Un et de l'Intellect, mais la spécificité du cas n'apparaît que dans la deuxième sous-hypothèse (l'Un identique à chacune des parties du tout en **9, 51-53**). Il envisage que quelqu'un persiste à identifier le principe de l'Intellect à la fois à l'Un et au tout, hypothèse que Plotin disjoint en deux sous-hypothèses (**9, 44-46**) :

- l'Un est chaque chose du tout une à une
- l'Un est tout ensemble (*homou panta*)

Il commence d'abord par écarter l'une des deux sous-hypothèses : L'Un est tout ensemble. Le schéma du raisonnement est le suivant : les trois seules possibilités envisageables sont l'Un est postérieur, antérieur, simultané au « tout ensemble ». Ce qui donne :

postérieur :	s'il est tout ensemble une fois rassemblé	il est postérieur au tout (**9, 46-47**)
antérieur :	s'il est antérieur	il est différent du tout (**9, 47-49**)
simultané :	s'il est en même temps lui-même et le tout	il n'est pas principe (**9, 49-50**)

La seule possibilité acceptable est la deuxième : L'Un est principe et antérieur au tout, mais il n'est pas le tout (**9, 50-51**).

Il écarte ensuite l'autre sous-hypothèse : « l'Un est chaque chose du tout une à une ». En ce cas, chaque partie étant identique à l'Un, toutes les parties seront identiques entre elles, le tout sera homéomère, et Plotin en déduit : « il y aura tout ensemble (*homou panta*) et il n'y aura aucune distinction (**9, 53**) ». L'usage que fait ici Plotin de l'expression « tout ensemble » d'Anaxagore a de quoi surprendre : il ne semble pas trop gêné, en conclusion d'une des deux sous-hypothèses disjonctives, de retomber littéralement sur la prémisse de l'autre où elle correspondait d'ailleurs à l'usage habituel qu'en fait Plotin pour évoquer l'uni-totalité de l'Intellect, mais il réduit ici cette expression à ne signifier que le caractère indiscernable du mélange originel d'Anaxagore, en ignorant ce qu'il privilégie ailleurs : la possibilité de retrouver tout à chaque degré de partition. Cet emploi surprenant de la formule d'Anaxagore ne manque pas de pédagogie : sous peine de soupçonner le maître d'incohérence, les disciples devaient faire eux-mêmes la distinction entre un « tout ensemble » homéomère et inorganique et un « tout ensemble » qui est précisément vie, parcours et Intellect.

Le raisonnement précédent a donc montré que si l'on donne le statut de principe à l'Un, il faut en déduire qu'il n'est ni le tout ni aucune partie du tout : « il n'est rien du tout, mais avant le tout » (**9, 53-54**).

6. *Le principe, « puissance du tout », comparé à la source des fleuves ou à la racine de l'arbre* (**10, 1-19**)

Avec la phrase précédente, on pouvait avoir le sentiment d'aboutir une fois de plus à une expression purement négative de la transcendance de l'Un, si « avant le tout » n'est qu'un équivalent de « au-delà du tout » : c'est sans doute pourquoi la question « Qu'est-il donc alors ? (**10, 1**) » est, une fois de plus, réitérée. Mais l'Un est « avant le tout » aussi dans un autre sens : il doit bien être quelque chose auquel le tout peut être relié comme à un principe. Comment dire que ce tout provient de l'Un sans que celui-ci ait en lui quelque chose de ce tout, sans concevoir l'Un relativement au tout, alors qu'il faut justement concevoir le tout relativement à lui ? La réponse est : en tant que « puissance (*dunamis*) de tout ». Cette expression caractérisant l'Un (ou le Bien) comme puissance productrice de (ou du) tout apparaît dès les premiers traités (cf. *7* [V, 4], 1, 36 ; *2*, 38 ; *10* [V, 1], 7, 9-10), comme ici, sans y être explicitée et exploitée comme elle le sera dans des traités postérieurs (notamment *Traités 38* et *49*). Cet emploi du mot *dunamis* s'écarte de celui d'Aristote qui opposait *dunamis* et *energeia* comme puissance et acte, faculté et exercice de cette faculté, matière et forme, passivité et activité. Si en *49* [V, 3], 15, 32-33, Plotin introduit bien la notion de *dunamis pantôn* en l'opposant à l'acte correspondant au niveau de l'Intellect (*panta*), il précise immédiatement (33-35) qu'il faut entendre ici *dunamis* « non pas comme on dit que la matière est en puissance parce qu'elle reçoit, car elle subit (*paschei*), mais de façon tout opposée, parce qu'elle produit (*poiein*) ». Certes, comme la matière, cette *dunamis pantôn* est indéterminée, sans forme, mais comme le dit Plotin dans le développement qui précède la définition du Bien comme « puissance de tout ce qui est beau (*dunamis pantos kalou*) » en *38* [VI, 7] 32, 31, le principe est le « sans forme », « non pas le "sans forme" qui a besoin de la forme, mais le "sans forme" d'où vient toute forme intellectuelle ». À ce sens de « puissance de produire » que prend le mot *dunamis*, est associé l'emploi du verbe *dunasthai* « pouvoir », sans infinitif complétif, au sens de « pouvoir produire », comme en *10* [V, 1], 7, 13 (*dunatai ousian* : il peut [produire] la substance). Cet emploi est particulièrement intéressant pour nous en *39* [VI, 8], 18, 16 dans la comparaison du cercle « de la forme du centre » illustrant la relation entre l'Intellect et l'Un : « On pourrait admettre qu'un cercle, parce qu'il touche le centre du cercle, tire sa puissance (*dunamis*) de son centre et qu'il est pour ainsi dire de la forme du centre (*kentrœidês*), du fait que les rayons dans le cercle, convergeant vers un centre qui est un, rendent leur extrémité du côté du centre semblable à ce vers quoi ils se sont portés et à partir de quoi ils ont pour ainsi dire poussé, bien qu'il [le centre] soit plus grand que ne sont, quand on suit ces rayons, même leurs limites qui sont des points des rayons eux-mêmes – elles sont certes comme lui, mais obscures traces de celui qui les peut [produire] (*dunatai*) en pouvant [produire] (*dunamenon*)[1] aussi les rayons qui de tout côté le possèdent et par les rayons est manifesté comment est le centre, comme développé sans avoir été développé ».

Ce passage d'un traité un peu postérieur nous donne quelques éclaircissements utiles sur ce que Plotin (et dans une certaine mesure ses auditeurs) a à l'esprit quand il emploie l'expression *dunamis pantôn* : une interface qui sauvegarde la transcendance de l'Un tout en permettant de penser en une imperceptible transition la continuité qui assure la ressemblance de l'Intellect avec l'Un qui, comme on le verra bientôt en **11, 16-21**, est « trace » du Bien, *agathœidês* sur lequel est forgé *kentrœidês*. Dire que l'Un est puissance de tout, c'est dire de façon moins abrupte qu'»il n'est aucun des êtres et tous, aucun parce que les

1. Bréhier traduit dans les deux cas le verbe *dunasthai* par « contenir en puissance ».

êtres sont postérieurs, tous parce qu'ils viennent de lui (*38* [VI, 7], 32, 13-14) ».

En réalité, le concept de *dunamis pantôn* présente deux faces partageant la même indétermination : la face de la puissance productrice de l'Un et son envers, tourné du côté de l'Intellect, la face de la puissance au sens (aristotélicien) de potentialité, puisque l'expression *dunamis pantôn* désigne également, en *38* [VI, 7], 17, 33-35, dans un subtil dégradé de la puissance à l'acte, la vision pré-noétique : « La vie était la puissance totale (*dunamis pasa*), la vision venant d'en haut la puissance de tout (*dunamis pantôn*) et l'Intellect advenu se révéla comme le tout (*panta*) lui-même. »

Nous pouvons maintenant mieux comprendre les ligne suivantes (**10, 1-5**) qui semblent seulement aller de soi. Sans l'existence de cette puissance du tout, « le tout non plus n'existerait pas » (**10, 1-2**). En effet, le tout ne saurait être une totalité née du hasard de la rencontre de ses parties unifiées *a posteriori*, le tout ne peut être que le déploiement d'une unité antérieure à ses parties. La fin de la phrase est généralement traduite « et l'Intellect ne serait pas non plus la vie première et totale », mais il paraît plus naturel de considérer que « le tout » et « l'Intellect » sont grammaticalement sur le même plan et que « la vie première et totale » est simplement apposé à « l'Intellect » : ainsi se placerait entre l'inexistence de la « puissance du tout » et celle du tout, l'inexistence de l'Intellect dans sa phase première qui est « la vie première et totale » et c'est de cette vie pré-noétique « totale » que « ce qui est au-dessus de la vie » est immédiatement la cause. Cette vie, puissance dont l'acte est le tout (**10, 3-4**), ressemble singulièrement à la vie, puissance totale, à la vision, puissance de tout, qui précède le tout de l'Intellect constitué, décrite dans le passage de *38* [VI, 7] cité précédemment. Elle n'est pas la source, mais déjà ce qui sourd et puissance de tous les fleuves. Plotin développe ensuite les comparaisons du principe avec une source ou une racine, selon deux mouvements inverses, l'un descendant de la source vers les fleuves (**10, 5-10**) et l'autre remontant de la vie de l'arbre à sa racine (**10, 10-12**). La première, où la source « s'est donnée elle-même », distingue deux moments dans l'écoulement des fleuves à partir de la source : avant de diverger, ils coulent d'abord confondus encore tous ensemble, tout en recelant déjà une dynamique de dispersion (« comme si chacun savait où il épanchera ses flots »), ce qui illustre assez bien le passage de la puissance de la vie totale à son acte déployant la multiplicité du tout. En revanche, dans le cas de l'arbre, le principe « a dispensé la vie totale » et cette vie est envisagée déjà dans sa dispersion à travers la totalité de l'arbre et est simplement distinguée de son principe qui n'est cependant pas identifié purement et simplement à la racine, qui n'est que partie de l'arbre à partir de laquelle se diffuse la vie de l'arbre, mais qui « a pour ainsi dire son point d'appui dans sa racine ». Par ailleurs, les deux comparaisons insistent sur le fait que le principe, qu'il se donne lui-même aux fleuves ou qu'il dispense la vie à l'arbre, « demeure lui-même » (**10, 7 ; 11 ; 13**), sans se perdre dans les fleuves, sans se disperser dans l'arbre. La dernière phrase de la comparaison végétale focalise sur la multiplicité du tout (plus que sur son unité) et la simplicité du principe : le principe demeure parce qu'il n'est pas multiple, mais principe du multiple.

Dans les lignes suivantes (**10, 14-17**), Plotin anticipe la perplexité de ses auditeurs devant cette multiplicité surgissant d'une unité qui demeure elle-même immuablement une : « Et rien de merveilleux en cela. Ou alors, voilà précisément ce qui est merveilleux ... ». Ce qui n'est pas merveilleux, c'est le fait que l'Un, quoi qu'il arrive après lui, ne se départisse pas de son unité absolue et de sa transcendance. En revanche, ce qui peut légitimement étonner, c'est la manière dont cet Un non-multiple peut être principe de la multiplicité et condition *sine qua non* de toute multiplicité. C'est en effet la grande question qui hante, du début à la fin (cf. *5* [V, 9], 14, 12-14 ; *10* [V, 1], 6, 4 ; *49* [V, 3], 15, 3), toute l'œuvre de Plotin : comment peut-il y avoir autre chose que l'Un et donc quelque chose de multiple qui ne serait pas sans l'Un ? Cependant la transcendance de l'Un dans son unité, y compris comme principe du tout multiple, doit être maintenue : envisager une division de l'Un dans le tout qui en procède l'abolirait aussi comme principe du tout, abolirait en même temps le tout ou plutôt priverait l'Un de sa puissance d'engendrer le tout; pour engendrer la multiplicité du tout, l'Un doit donc « demeurer en lui-même, dans sa différence », c'est-à-dire garder sa transcendance au-delà de toute multiplicité (**10, 17-19**).

Cela reste étonnant, mais est nécessaire pour éviter l'absurdité d'un prétendu principe qui se diluerait dans ce qu'il engendre.

7. *La remontée vers l'Un-principe* (**10, 20-28**)

Si la nécessité d'un principe absolu qui demeure un, tout en engendrant une multiplicité, ne laisse pas d'être paradoxale, cette nécessité d'une unité qui transcende la multiplicité qu'il unifie se retrouve, comme loi universelle, à tous les niveaux de la réalité : « C'est pourquoi, partout, il y a remontée (*anagôgê*) vers un "un" et en chaque chose il y a un "un" auquel tu remonteras et celui-ci à chaque fois mène à un "un" antérieur à lui mais pas absolument un, jusqu'à ce que l'on parvienne à l'absolument un. Et celui-là ne mène plus à un autre » (**10, 20-23**). Plotin invite donc ici à expérimenter une anagogie, fondée sur l'analogie, où la conviction s'acquiert à chaque degré et, par continuité, vaudra pour l'un ultime et absolu. Plotin propose de prendre différents « un », dans un ordre ascendant : l'un de la plante (la nature, logos immobile de **2, 19-34**), l'un de l'animal (son âme), l'un de l'âme (qui reste immobile en haut dans la contemplation) et l'un de l'univers (l'âme du monde qui contemple toujours l'intelligible). Il précise pour la plante, mais cela vaut dans les autres cas, que cet « un » est « le principe qui demeure », c'est-à-dire qui ne descend pas se répandre dans la plante. L'« un » que l'on prend est « chaque fois ce qu'il y a de plus puissant et de précieux » (**10, 25-26**), affirme Plotin comme une évidence. Comment alors, en passant au degré supérieur, celui du monde intelligible, pour cet « un », qui est principe, source et puissance « des êtres véritablement êtres », peut-on « douter (*apistein*) », c'est-à-dire, faute de le concevoir là encore comme « ce qu'il y a de plus puissant et de précieux », au lieu de monter encore, retomber au plus bas, être tenté de le concevoir comme un néant, de le soupçonner d'être rien (**10, 26-28**) ?

8. *Le sens du mot « rien » employé à propos de l'Un* (**10, 28-31**)

À ce « rien » d'en bas, produit irrationnel d'un doute, d'un soupçon qui pourrait surgir quand, alors qu'il faudrait monter encore, on ne voit plus que le vide, Plotin substitue un autre rien : « Ou alors, oui, disons "rien" des choses dont il est principe » (**10, 29**). Ce « rien » est bien sûr le « rien du tout » de **9, 53-54**, mais inscrit dans la démarche rationnelle apophatique : « un rien tel pourtant, puisqu'aucun prédicat ne peut lui être attribué, ni être, ni essence, ni vie, qu'il est au-delà de toute chose (**10, 29-30**) ». Si le discours apophatique ne veut rien dire de l'Un, puisqu'il ne lui donne aucun attribut, il ne cesse d'en parler, de le viser, d'en dire l'existence en le posant à chaque fois comme sujet d'une proposition négative, sans jamais le nier mais en l'isolant dans une transcendance qu'aucun dire ne peut épuiser.

9. *Intuition de l'Un et vision de ce qui est après lui* (**10, 31-35**)

Ces quelques lignes concentrent un certain nombre de difficultés : elles semblent télescoper démarche intellectuelle et expérience de type mystique. Il me semble que dans la première phrase, « si tu le prends (*lambanein*), après avoir écarté (*aphairein*) de lui l'être, tu seras émerveillé » (**10, 31**) », le verbe *lambanein* garde le sens qu'il avait en **10, 25** et **27** (« prendre », au sens d'envisager) et ne renvoie pas à une saisie mystique de l'Un, d'autant que le verbe *aphairein* nous situe encore dans la démarche apophatique (aphairétique) : l'émerveillement peut n'être qu'un émerveillement intellectuel qui prépare et suscite l'élan vers l'Un. Dans la phrase suivante, « si tu as eu la chance de te reposer en son sein (**10, 31-32**) », suggère irrésistiblement une expérience mystique. La suite, « cherche à le comprendre plutôt en l'ayant saisi par l'intuition, mais en voyant en même temps sa grandeur dans les êtres qui sont après lui et par lui (**10, 31-32**) » semble cependant supposer une certaine retombée, postérieure au repos mystique, dans une connaissance qui superpose ou alterne une saisie par l'intuition de l'Un, comme transcendant toute chose, et la vision de sa grandeur dans tous les êtres qui procèdent de lui. Plotin veut-il dire que l'expérience mystique de l'Un atteste que ce sont ces deux modes conjugués qui en préparent le mieux l'accès ? En tout cas, après avoir surtout insisté jusque-là sur le premier, il va maintenant s'attacher au second.

DEUXIÈME SECTION

LE BIEN, PÈRE DE L'INTELLECT (11, 1 – 45)

Aperçu général

Dans cette dernière section, est envisagé un autre type de remontée vers l'Un : il s'agit maintenant non plus seulement de poser l'Un comme un nécessaire au-delà de l'Intellect, mais de montrer comment l'Intellect se constitue dans une relation asymétrique à l'Un. L'Intellect est comme une faculté de voir qui a besoin d'être actuée, une matière tributaire d'une forme : c'est l'Un-Bien que l'achève et le « remplit » (11, 1-8). Le Bien, lui, n'a ni besoin de voir ni besoin d'agir (11, 8-16). Quand l'Intellect est achevé par le Bien, il devient « de la forme du Bien » (agathoeidês) selon le mot de République *509 a 3 qui permet de concevoir une ressemblance avec le Bien tout en préservant la transcendance : l'Intellect possède en lui une trace toujours désirée du Bien tandis que le Bien ne possède ni ne désire (11, 16, 26). Plotin relie cette trace du Bien à la beauté de l'Intellect qui fera l'objet du* Traité 31. *De même que la beauté du monde sensible invite à remonter jusqu'à la beauté intelligible qui l'a produite, il faut rechercher le père (Ouranos) qui a engendré ce fils (Kronos), Intellect (nos), « beau garçon (koros) » et « satiété (koros) ».*

1. *Le Bien donne forme et actuation à l'Intellect* (**11, 1-8**)

Nous avons vu, en commentant le passage **10, 1** sur l'Un comme « puissance de tout », que cette *dunamis* au sens actif du terme était le principe d'une *dunamis* passive, une « puissance totale », premier émané de l'Un, intellect pré-noétique qui s'actuait en toute chose et devenait ainsi l'Intellect. Plotin ouvre maintenant une autre perspective en assimilant cette puissance passive à une faculté actuée par son objet qui la conduit à son achèvement.

La relation entre l'Intellect et le Bien est d'abord envisagée d'après le modèle de la vision sensible, qui fournit elle-même, comme chez Aristote, une analogie naturelle à la vision intellectuelle. L'Intellect est donc « une sorte de faculté de voir (*opsis*) et une faculté de voir qui voit (*opsis horôsa*) (**11, 1-2**) » : comme intellect pré-noétique, il est simple faculté (cf. *49* [V, 3], 11, 5 : l'intellect pré-noétique est « une vue qui n'a pas encore vu ») et comme Intellect pensant, il est une vue en train de voir, une puissance passée à l'acte.

Dans le cas de la vision sensible, la vue, simple puissance de voir encore indéterminée, ne devient vision en acte que lorsqu'elle est informée, déterminée par la forme visible de son objet. En tant que puissance indéterminée, elle est analogue à la matière substrat de la forme des composés sensibles. L'Intellect est donc d'un côté matière et de l'autre matière informée. L'intellect « patient » d'Aristote, « celui qui devient toute chose » (*Sur l'âme*, III, 5, 430 a 1-15) avait lui aussi les caractéristiques d'une matière, simple capacité de recevoir chacune des formes intelligibles déjà pensées par l'intellect « agent », « qui les produit toutes (*ibid.*) » et fait passer ainsi l'intellect patient de la puissance à l'acte d'intellection, rôle que tient ici, sans être bien sûr intellect, le Bien. Plotin présente ici la vision sensible aussi comme double, à la fois puissance et acte de voir, et la vue, avant de voir, comme une (**11, 4-5**). Il est vrai que la vue actuée en vision par la couleur rouge, reste puissance de voir la couleur verte et en tout cas Plotin construit l'analogie pour faire saisir que l'Intellect est une réalité une où puissance et acte se trouvent pour ainsi dire en états superposés : « un est donc devenu deux et les deux un (**11, 5-6**) ». A la dualité immanente intellect / intelligible, caractéristique de l'Intellect pensant, unifiée par l'acte d'Intellection,

Plotin substitue ainsi un autre type de dualité : matière / forme ou puissance / acte, permettant d'envisager sa constitution en relation avec l'Un.

Les lignes **11, 6-8** mettent en parallèle les deux processus d'actuation, celui de vision sensible et celui de la vision intellective. Pour l'actuation de la vision sensible par son objet, Plotin emploie le terme achèvement (*teleiôsis*), qui est plutôt le terme propre (cf. *12* [II, 4], 16, 13), comme s'il était approximatif (« en quelque sorte ») et c'est le terme « plénitude » (*plêrôsis* : remplissement) qu'il donne ici comme le plus adéquat, alors qu'il ne l'a jamais utilisé (pas plus que le verbe correspondant) dans les traités antérieurs pour la sensation[1]. Pour la vision intellectuelle, il ne garde que le verbe remplir (*plêroun*) qu'il a utilisé déjà plusieurs fois dans notre traité avec pour sujet un objet de contemplation (**4, 35**; **5, 10**; **6, 12**) et nous achemine maintenant vers la « satiété » de l'Intellect : « dans le cas de la faculté de voir de l'Intellect, c'est le Bien qui la remplit (**11, 7-8**) ». Par ailleurs le parallélisme n'est pas strict : l'actuation de la vue sensible en vision est envisagée comme déjà faite, tandis que celle de la vue de l'intellect est comme encore en train de se faire. Ce processus d'actuation de l'Intellect est plus longuement décrit en *38* [VI, 7], 16, 31-35, passage si l'on peut dire saturé du verbe « remplir » : « L'Intellect devenait Intellect en se remplissant et, une fois rempli, il était Intellect et à ce moment il a trouvé son achèvement et il voyait. Son principe [« matériel »] a donc été ce qu'il était avant d'être rempli. Son autre principe [« formel »] était celui qui, comme de l'extérieur, le remplissait, et à partir duquel il était comme imprimé en se remplissant. »

1. En *38* [VI, 7], 3, 32, il utilise le verbe « remplir » dans l'hypothèse absurde où la faculté de sentir présente dans l'Intellect ne passerait à l'acte qu'après la descente de l'âme : « l'acte de la puissance qui est là-haut serait rempli (*plêrousthai*) ici-bas ». Dans ce traité, il en fait par ailleurs largement usage dans la description génétique de l'Intellect : « Alors ce mouvement, après s'être lui-même rempli (*plêrôtheisa*) en se mouvant en direction du Bien et autour de lui, a rempli (*eplêrôsen*) l'Intellect, et ce mouvement n'était plus alors un simple mouvement, mais un mouvement complètement rassasié (*diakorês*) et rempli (*plêrês*) (16, 16-17).

2. *L'Intellect a besoin du Bien, le Bien n'a pas besoin de l'Intellect* (**11, 8-16**)

L'Intellect, conçu comme faculté de voir, comme matière aspirant à la forme, a besoin de voir, dépend d'un objet à voir pour pouvoir exercer l'acte qui l'achève[1] et ce besoin le distingue radicalement du Bien auquel toutes les autres choses aspirent, mais qui est lui-même sans besoin : « s'il était lui-même le Bien, qu'aurait-il besoin de voir ou tout simplement d'agir ? En effet c'est en vue du Bien et à cause du Bien que les autres choses exercent leur acte, mais le Bien n'a besoin de rien. (**11, 8-11**) ». Comme Plotin le dira en *38* [VI, 7], 41, 28 : « Le Bien n'est pas le Bien pour lui-même, mais pour les autres choses. Car elles ont besoin de lui, mais lui ne saurait avoir besoin de lui-même : ce serait ridicule, car ainsi il serait aussi tributaire de lui-même ». C'est pourquoi, si l'Intellect dans sa vision a quelque chose d'autre que lui-même, le Bien « n'a rien que lui même (**11, 11**) ». Ici Plotin rappelle une exigence d'ascèse du langage et de la pensée qui doit garder intact ce sublime affranchissement du Bien : « Bien » doit se contenter d'être une émission de voix, purement déictique, désencombrée de toute fonction attributive, vidée de tout concept de quelque chose qui serait à lui et dont il serait tributaire (**11, 12-13**). La tentation la plus forte, celle à laquelle Aristote a succombé, serait de croire l'honorer en lui attribuant la pensée, mais ce serait le faire déchoir, en le faisant autre que lui-même, double, autre chose en plus de lui-même, Intellect et Bien (**11, 13-15**). La phrase suivante, « l'Intellect a besoin du Bien tandis que le Bien n'a pas besoin de lui (**11, 15-16**) », semble n'être qu'une pure opposition, mais elle prépare l'introduction du mot *agathoeides*, « de la forme du Bien », exprimant une ressemblance asymétrique, quand on l'explicite par ce qui précède (« le Bien n'a rien que lui-même ») : l'Intellect est l'Intellect avec quelque chose du Bien, l'Un est le Bien sans rien de l'Intellect.

3. *De la ressemblance avec le Bien au Bien lui-même* (**11, 16-26**)

Plotin considère maintenant l'Intellect non plus comme faculté de voir qui a besoin du Bien mais, sous son deuxième aspect, comme

1. *Cf.* Aristote, *Métaphysique*, XII, 9 1074 b 19 : l'objet de la pensée est « maître (*kurios*) » de la pensée.

faculté désormais remplie et achevée par le Bien, et qui est donc vision en acte : « C'est pourquoi, en atteignant aussi le Bien, il devient *de la forme du Bien* et il est achevé par le Bien (**11, 16-17**) ». Avec « il est achevé », nous retrouvons le processus d'actuation d'une faculté par son objet de **11, 7**, mais il faut ajouter que c'est une actuation du semblable par le semblable, comme on l'a vu en **9, 22-23**, et donc un processus d'assimilation : l'achèvement de l'Intellect par le Bien rend donc l'Intellect semblable au Bien. L'emploi du mot *agathoeides* est à la fois l'expression d'une ressemblance entre le Bien et l'Intellect et la marque de la transcendance du Bien, comme il l'était en *République* 509 a 3 : « de même que la lumière et la vue sont "de la forme du soleil", mais ne sont pas le soleil, de même la connaissance et la vérité sont "de la forme du Bien", mais ne sont pas le Bien ». Le Bien n'a pas en lui de forme qui descendrait dans l'Intellect, mais il est le principe formant qui donne à l'Intellect, en l'achevant, la forme d'Intellect : « c'est la forme qui vient du Bien sur lui qui le rend "de la forme du Bien" (**11, 17-19**) ». Le Bien reste dans sa transcendance : la forme qui vient du Bien n'est qu'une trace du Bien, mais une trace qui ressemble à son modèle et permet une représentation positive du Bien : « Et telle la trace du Bien que l'on observe sur l'Intellect, tel il convient de se représenter le modèle, en inférant la vérité de ce modèle à partir de la trace du Bien qui court sur l'Intellect (**11, 19-21**) ». Cette trace du Bien, qui court sur l'Intellect, le Bien « a donné à l'Intellect qui voit de la posséder (**11, 22-23**) » : l'Intellect qui voit, l'Intellect « achevé » et en parcours, possède en lui quelque chose du Bien. Mais, comme Plotin le disait en **11, 4-6**, la vision reste vue, de même que la statue reste bronze, et la possession de cette trace du Bien qui donne une forme à l'Intellect actué, achevé, rempli et pensant, n'abolit pas, mais atteste plutôt ce qu'il y a en lui de puissance, d'indéterminé, de besoin et de pré-noétique, en un mot, le désir : « en sorte que, dans l'Intellect, il y a le désir, et il désire sans cesse et sans cesse obtient (**11, 22-23**) ». Nous pouvons mettre en parallèle notre passage et *49* [V, 3], 11, 12-15 : « Avant, c'était seulement un désir et une vue sans empreinte. Donc cet intellect a visé l'Un et, quand il a saisi, il est devenu Intellect : il est sans cesse en manque et est devenu à la fois Intellect, substance et pensée, quand il a pensé ». Au tout début du traité (**1, 2**), Plotin énonçait la loi universelle : « tout désire la contemplation ». La contemplation parfaite de l'Intellect est encore désir de contemplation. Le désir est constitutif de l'Intellect et c'est sans doute encore le désir qui génère son parcours immanent. En revanche le Bien « ni ne désire – désirer quoi ? – ni n'obtient – il ne désirait même pas ! » (**11, 24-25**). La possession et la plénitude de l'Intellect ne sont que l'envers d'un désir qui est aussi aspiration, « inclination vers la forme » (**11, 26**), et d'un besoin. Le Bien, qui est aussi le sans forme qui n'a pas besoin de forme (cf. *38* [VI, 7], 32, 9-10), est au-delà du désir et de la plénitude. C'est la dernière marque de transcendance de l'Un-Bien sur laquelle s'achèvera le traité (**11, 44-45**).

4. *De l'Intellect au Père de l'Intellect* (**11, 26-45**)

Jusqu'ici Plotin n'avait pas parlé de la beauté de l'Intellect. La beauté de l'Intellect n'est introduite qu'à partir de sa ressemblance avec le Bien, de la trace du Bien qui le rend « de la forme du Bien » et à partir du désir qui l'a fait, le fait « de la forme du Bien ». Désir comblé par la trace du Bien laissée sur lui qu'il est devenu lui-même, mais qui reste désir du Bien et d'une certaine façon aussi désir de lui-même. Le désir du Bien a ainsi engendré la Beauté qui se désire elle-même et est l'objet de tous les désirs qui sont aussi, radicalement, désirs du Bien, comme Plotin le dira plus nettement en *38* [VI, 7], 32, 30-32 : « puisqu'il provoque l'amour, il faut admettre qu'il est ce qui engendre la beauté. Puissance de tout ce qui est beau, il est la fleur qui rend belle la beauté ». Faut-il ajouter que le Bien, qui ne désire rien, « n'a pas lui-même besoin du Beau, mais le Beau a besoin du Bien » (*32* [V, 5], 12, 32-33). La beauté de l'Intellect n'arrive donc dans notre traité qu'au niveau de sa génération sans qu'ait été envisagée auparavant la remontée jusqu'à cette beauté qui fera l'objet du *Traité 31*.

La beauté de l'Intellect est célébrée sur un mode solennel en référence à la Beauté du *Phèdre*, la plus lumineuse des Idées et dont les images d'ici-bas conservent encore la clarté (250 b 1-5). La beauté de l'Intellect est située « dans une pure lumière et un pur éclat (*cf.* 250 c 4) (**11, 28**) », « dans une splendeur totale (**11, 28**) », « sans rien de ténébreux (**11, 31**) » ; la dernière expression est encadrée par ses équivalents à connotation intellectuelle, « sans rien privé d'intellect », et morale, « sans rien privé de mesure (*cf.* l'identification « sans mesure et mauvais » en *51* [I, 8], 4, 27) ». Les âmes du *Phèdre*, dans leur cortège divin, jouissaient d'une vision bienheureuse (250 b 6) : l'Intellect vit d'une vie bienheureuse (**11, 31-32**).

La beauté lumineuse de l'Intellect se reflète dans « le beau monde d'ici », son image et son ombre (**11, 29-38**). L'affirmation de la beauté du monde sensible dans laquelle se révèle la Beauté idéale est bien sûr un lieu commun platonicien, mais elle se réactualise en contexte antignostique, comme on le voit par exemple en *31* [V, 8], 8, 17 : « Il [Platon] montre ainsi quelle est la beauté du modèle en disant que ce qui provient de lui est beau lui aussi, en tant qu'image de celui-là. De fait, si celui-là n'était pas ce qui est supérieurement beau d'une beauté inconcevable, quel objet serait plus beau que ce monde-ci que nous voyons ? De là vient qu'ils ont tort, ceux qui méprisent ce monde-ci, à moins qu'en effet, ce ne soit dans la mesure où il n'est pas le monde de là-bas » [1].

Mais ici la dynamique anagogique suscitée par la beauté n'est pas envisagée depuis son premier échelon sensible jusqu'à la Beauté idéale, son point d'arrivée ou, dans le mythe du *Phèdre*, de retour. Plotin nous place dans l'hypothèse d'une âme déjà installée dans la contemplation de la beauté de l'Intellect : « celui qui l'aurait vu, se serait abîmé en lui, comme il convient, et serait devenu un avec lui (**11, 29-38**) », d'une âme qui éprouve déjà cette « vive stupeur (*thambos*, cf. *Phèdre* 254 c 4 » qui caractérise la vision de la Beauté d'en haut. En *32* [V, 5], 12, 33-37, passage qui suit immédiatement l'affirmation déjà citée : « le Bien n'a pas lui-même besoin du Beau, mais le Beau a besoin du Bien », Plotin oppose cette « vive stupeur » que provoque la Beauté à la douceur du Bien : « Il est doux, bienveillant, plus délicat » et ajoute même que la Beauté « attire loin du Bien ceux qui ne savent pas ce qui leur arrive, comme l'aimé attire loin du père ; car il est plus jeune ». Le risque de s'arrêter aux beautés sensibles est depuis longtemps surmonté, mais demeure celui de se laisser fasciner par la Beauté intelligible et croire que l'on était arrivé au terme de l'ascension.

Mais la première anagogie, celle du sensible à l'intelligible doit en susciter une autre analogue, de la beauté intelligible à son producteur,

1. Traduction A. L. Darras-Worms, *Traité 31*.

la cause même du désir de la Beauté, la beauté sans forme, qui est « beauté sous un autre mode que la Beauté, beauté au-dessus de la Beauté (*38* [VI, 7], 32, 28-30) ». Le premier terme de l'analogie est la recherche, à partir de la vision du monde sensible et même de sa part la plus lumineuse, « le ciel et la lumière des astres », de « celui qui les a faits » (**11, 33-34**). Le deuxième terme est la recherche, à partir de la contemplation et admiration du monde intelligible (*kosmos noêtos*), du producteur de ce monde-là », « celui qui a fait exister un tel monde », « celui qui a engendré un tel enfant, Intellect (*Kro-nos*), beau garçon (*koros)* et satiété (*koros*) venue de lui » (**11, 33-39**).

Plotin recourt à une interprétation allégorique de la généalogie hésiodique Ouranos-Kronos-Zeus où il voit préfigurée la triade Un-Intellect-Âme. Cette interprétation apparaît dès le *Traité 10* : « Il [l'Intellect] est plein des êtres qu'il a engendrés et pour ainsi dire ré-ingurgités parce qu'il les garde en lui-même et qu'ils ne tombent pas dans la matière et ne sont pas élevés auprès de Rhéa, comme le disent en énigmes les mystères et les mythes relatifs aux dieux : Kronos, le dieu très sage, avant la naissance de Zeus, reprend en lui-même ce qu'il engendre et en ce sens il est rempli et Intellect dans la satiété (*koros*). Mais ensuite, on dit qu'étant alors satiété, il engendre Zeus : l'Intellect engendre l'Âme, quand il est Intellect achevé (*10* [V, 1], 7, 30-36) ». Hormis une légère allusion en *50* [III, 5], 2, 33-34, on ne retrouve cette exégèse que dans la tétralogie antignostique, et massivement exploitée : *31* [V, 8], 12, 3-11 (Kronos rempli de ses enfants et génération de Zeus) ; 13, 1-13 (satiété de Kronos et l'unique mention par Plotin de la mutilation d'Ouranos par Kronos comme de l'enchaînement de Kronos par Zeus, qui permettent de distinguer nettement les trois hypostases) ; *32* [V, 5], 7, 12 (simple allusion à la satiété de Kronos). Nul doute que le recours à un mythe grec d'une vénérable ancienneté pouvait faire pièce aux mythes barbares et bien nouveaux des gnostiques. Tous les passages de la tétralogie mentionnent la plénitude ou satiété de Kronos-Intellect, mais seul notre passage s'appuie sur l'étymologie, renfort de poids à l'allégorie : *Kronos*, c'est *koros nos* (*nous* à la longueur près de la voyelle) et *koros*, c'est à la fois « garçon » et « satiété » (*cf.* note à la traduction).

Le mythe confirme les affirmations de **11, 1-16**. Ouranos est le Père de Kronos, qui est à la fois son « garçon » et « satiété » : Le Bien, père de l'Intellect qui est satiété, n'est ni Intellect ni satiété, mais antérieur à l'intellect et à la satiété (**11, 39-40**). Le mythe et l'étymologie assurent le lien entre le garçon et la satiété, en laissant obscur le lien entre la génération de ce garçon et sa satiété, mais Plotin l'a expliqué en **11, 8-26**. Plotin revient sur le besoin, qui caractérise une réalité seconde, solidairement comme Intellect et satiété : « ils avaient besoin d'avoir été rassasiés et d'avoir pensé (**11, 8-26**) »; l'emploi des deux parfaits est intéressant : l'état achevé ne va pas sans l'inachèvement qui l'a précédé. Le balancement (*men ... de*) de la phrase suivante est difficile à traduire : « Ils sont sans doute tout proches de celui qui est sans besoin et qui n'a aucun besoin de penser, ils possèdent une plénitude et une intellection véritables, parce qu'ils les possèdent primitivement (**11, 42-44**) ». Ce balancement vaut pour l'opposition explicite entre l'absence de besoin du Bien et la plénitude et possession qui présuppose un besoin mais, en même temps, la proximité de l'Intellect et du Bien est affirmée dans les deux membres : c'est parce que l'Intellect est tout proche du Bien sans besoin et qu'il est le premier à posséder que sa plénitude est véritable. La possession parfaite de l'Intellect est ce qui ressemble le plus à l'absence de besoin du Bien, même si cette absence de besoin est la pure négation qui transcende l'opposition privation (besoin) / possession (besoin comblé) ou, comme le dira Plotin à la fin du traité *49*, l'« au-delà de l'autosuffisance », qui n'a pas besoin et ne possède pas, transcendant la parfaite autosuffisance (*autarkeia*) de ce qui vient en premier après l'Un et possède véritablement ce qu'il chercherait s'il ne le possédait pas (*49* [V, 3], 16, 30-33 et 17, 12-14). Les réalités après l'Intellect ont besoin et ne possèdent pas vraiment, l'Intellect, lui qui est immédiatement après le Bien, a besoin et possède vraiment, mais le Bien « n'a pas besoin et ne possède pas, sinon il ne serait pas le Bien » (**11, 44-45**).

BIBLIOGRAPHIE

Cette liste ne contient que les ouvrages d'auteurs anciens ou modernes qui ont été cités sous forme abrégée dans le Commentaire ou qui se rapportent, d'une manière ou d'une autre, aux problèmes posés par le Traité 30 *et sont capable d'apporter un complément d'information au lecteur. Pour Platon, l'édition utilisée est celle de la collection Budé et pour Aristote, celle des Oxford Classical Texts.*

AUTEURS ANCIENS

ANAXAGORE, *Die Fragmente des Vorsokratiker*, éd. H. Diels et W. Kranz, Berlin, Weidman, 1951-1952.

ARCHIMÈDE, *Des Spirales*, texte établi et traduit par C. Mugler, Paris, Les Belles Lettres, 1971.

ARISTOTE, *Ethique à Nicomaque*, traduction par R. Bodéüs, Paris, GF-Flammarion, 2004.

– *La Métaphysique*, traduction par J. Tricot, Paris, Vrin, 1981.

CICÉRON, *De natura deorum*, éd. A. S. Pease, Leiden, Brill, 1955.

ÉCRITS GNOSTIQUES, *La bibliothèque de Nag Hammadi*, édition publiée sous la direction de J. P. Mahé et P.-H. Poirier, Paris, Gallimard, 2007.

HÉSIODE, *Théogonie*, texte établi et traduit par P. Mazon, Paris, Les Belles Lettres, 2014 (1928 [1]).

NUMÉNIUS, *Fragments*, texte établi et traduit par E. des Places, Paris, 1973.

PHILON D'ALEXANDRIE, *Vie de Moïse*, introduction, traduction et notes par R. Arnaldez, C. Mondésert, J. Pouilloux, P. Savinel, Paris, Cerf, 1967.

- *Quod Deus sit immutabilis*, introduction, traduction et notes par A. Mosès, Paris, Cerf, 1963.

- *Allégorie des Lois*, introduction, traduction et notes par C. Mondésert, Paris, Cerf, 1962.

PLOTIN, *Traité 9* [VI, 9], introduction, traduction, commentaire et notes par P. Hadot, Paris, Cerf, 1994.

– *Traité 31* [V, 8], introduction, traduction, commentaire et notes par A.-L. Darras-Worms, Paris, Vrin, 2018.

– *Traité 38* [VI, 7], introduction, traduction, commentaire et notes par P. Hadot, Paris, Cerf, 1988.

– *Traité 49* [V, 3], introduction, traduction, commentaire et notes par B. Ham, Paris, Cerf, 2000.

– *Traité 50* [III, 5], introduction, traduction, commentaire et notes par P. Hadot, Paris, Cerf, 1991.

– *Traité 53* [I, 1], introduction, traduction, commentaire et notes par G. Aubry, Paris, Cerf, 2004.

PORPHYRE, *La Vie de Plotin*, Luc Brisson, M.-O. Goulet-Cazé, R. Goulet, D. O'Brien, Paris, Vrin, vol. I, 1982.

SÉNÈQUE, *Questions naturelles*, texte établi et traduit par P. Oltramare, t. II, Paris, Les Belles Lettres, 2002 (1929 [1]).

SEXTUS EMPIRICUS, *Against the Logicians*, I [= *Adversus Mathematicos*, VII], texte et traduction par R. G. Bury, Londres-Cambridge (Mass.), Loeb Classical Library, 1983 (1935 [1]).

– *Against the Physicists*, I [= *Adversus Mathematicos*, IX], texte et traduction par R. G. Bury, Londres-Cambridge (Mass.), Loeb Classical Library, 1989 (1936 [1]).

AUTEURS MODERNES

ARMSTRONG A. H., « The Background of the Doctrine "That the Intelligibles are not Outside the Intellect" », *Les Sources de Plotin*, Entretiens sur l'Antiquité classique, t. V, Vandœuvres-Genève, 1960, p. 393-413.

ARMSTRONG A. H., « Eternity, life and movement in Plotinus'account of *nous* », dans *Le Néoplatonisme*, Actes du Colloque international sur le Néoplatonisme, Royaumont, éd. par P.-M. Schuhl et P. Hadot, Paris, Éditions du CNRS, 1971, p. 67-74.

ARNOU R., ΠΡΑΞΙΣ *et* ΘΕΩΡΙΑ. *Étude de détail sur le vocabulaire et la pensée des* Ennéades *de Plotin*, Paris, Alcan, 1921.

BLUMENTHAL H. J., *Plotinus'Psychology : His Doctrines of the Embodied Soul*, La Haye, Martinus Nijhoff, 1971.

BUSSANICH J. R., *The One and its Relation to Intellect in Plotinus. A Commentary on selected Texts*, Leiden, Brill, 1988.

CHARLES-SAGET A., *L'Architecture du divin : Mathématiques et philosophie chez Plotin et Proclus*, Paris, Les Belles Lettres, 1982.

CHARRUE J.-M., *Plotin lecteur de Platon*, Paris, Les Belles Lettres, 1978.

DECK J., *Nature, Contemplation, and the One*, Toronto, University of Toronto Press, 1967.

DUCROT O., *Les mots du discours*, Paris, Éditions de Minuit, 1980.

- *Le dire et le dit*, Paris, Éditions de Minuit, 1985.

EMILSSON E. K., *Plotinus on Sense-Perception : A Philosophical Study*, Cambridge, Cambridge University Press, 1988.

GARCIA BAZÀN F., *Plotino y la mistica de las tres hipostasis*, Buenos Aires, El hilo de Ariadna, 2010.

- « The "second god" in gnosticism and Plotinus's anti-gnostic polemic », dans *Neoplatonism and Gnosticism*, éd. R.T. Wallis, Albany, State University of New York Press, 1992, p. 55-83.

HADOT P., « Être, Vie, Pensée chez Plotin et avant Plotin », dans *Les Sources de Plotin.* Entretiens de la Fondation Hardt, V, Vandœuvre-Genève, 1960, p. 107-141, repris dans *Plotin, Porphyre. Études néoplatoniciennes*, Paris, Les Belles Lettres, 1999, p. 127-181.

- « Ouranos, Kronos, and Zeus in Plotinus'treatment *Against the Gnostics* », dans *Neoplatonism and Early Christian Thought*, éd. par H. J. Blumenthal et R. A. Markus, Londres, Variorum Reprints, 1981, p. 124-137.

- « Plotin et les gnostiques », dans *Plotin, Porphyre, Études néoplatoniciennes*, Paris, Les Belles Lettres, 1999, p. 211-223.

- « La conception plotinienne de l'identité entre l'intellect et son objet. Plotin et le *De anima* d'Aristote », (1996), repris dans *Plotin, Porphyre. Études néoplatoniciennes*, Paris, Les Belles Lettres, 1999, p. 267-278.

HAGER F. P., *Der Geist und das Eine. Untersuchungen zum Problem der Wesensbestimmung des höchsten Prinzips als Geist oder als Eines in der griechischen Philosophie*, Berne, Haupt, 1970.

HARDER R., « Eine neue Schrift Plotins », Hermes, 71, 1936, p. 1-10.

IGAL J., « The gnostics and "The ancient philosophy" in Porphyry and Plotinus », dans *Neoplatonism and Early Christian Thought*, éd. par H.J. Blumenthal et R. A. Markus, Londres, Variorum Reprints, 1981, p. 138-149.

KALLIGAS P., « Plotinus against the Gnostics », *Hermathena*, 169, 2000, p. 115-128.

LAURENT J., *Les fondement de la nature selon Plotin. Procession et participation*, Paris, Vrin, 1992.

MOREAU J., *Plotin ou la gloire de la philosophie antique*, Paris, Vrin, 1970.

NARBONNE, J. M., *La Métaphysique de Plotin*, Paris, Vrin, 1994.

O'DALY G. J. P., *Plotinus'Philosophy of the Self*, Shannon, Irish University Press, 1973.

O'MEARA D. J., « Gnosticism and the Making of the World in Plotinus », dans B. Leyton, *The Rediscovery of Gnosticism*, vol. I, p. 365-378, Leiden, Brill, 1980.

PÉPIN J., « Theories of procession in Plotinus and the gnostics », dans *Neoplatonism and Gnosticism*, éd. R.T. Wallis, Albany, State University of New York Press, 1992, p. 297-335.

PUECH H.-C., « Plotin et les gnostiques », dans *Les Sources de Plotin*, Entretiens sur l'Antiquité classique 5, Vandœuvre-Genève, Fondation Hardt, 1960, p. 159-190.

SCHLETTE H., *Das Eine und das Andere. Studien zur Problematik des Negativen der Metaphysik Plotins*, Munich, 1966.

SCHROEDER F. M., « Synousia, Synaisthaesis and Synesis : Presence et Dependance in the Plotinian Philosophy of Consciousness », *Aufstieg und Niedergang der römischen Welt*, Teil II : Principat, Band 36, 1 Teilband, Berlin 1987, p. 678-699.

SCHWYZER H.-R., « "Bewußt" und "unbewußt" bei Plotin », dans *Les Sources de Plotin*, Entretiens sur l'Antiquité classique, t. V, Vandœuvres-Genève, 1960, p. 343-378.

SZLEZÁK TH. A., *Platon und Aristoteles in der Nuslehre Plotins*, Bâle, Schwabe, 1979.

WALLIS R.T., « Soul and Nous in Plotinus, Numenius and Gnosticism », dans *Neoplatonism and Gnosticism*, éd. R.T. Wallis, Albany, State University of New York Press, 1992, p. 461-482.

Pour Armstrong, Bréhier, Casaglia, Cilento, Creuzer, Ficin, Henry-Schwyzer, Igal, Kirchhoff, Rollof, Theiler, *cf.* p. 31-32.

INDEX DES TEXTES CITÉS PAR PLOTIN DANS LE *TRAITÉ 30*

INDEX DES TEXTES DE PLOTIN

INDEX DES AUTEURS ANCIENS

INDEX DES AUTEURS MODERNES

INDEX DES TERMES GRECS

INDEX GÉNÉRAL

Les numéros entre parenthèses et en caractères gras renvoient aux numéros placés devant les vocables dans l'index grec.

TABLE DES MATIÈRES

PLOTIN

TRAITÉ 30, *Sur la nature, la contemplation et l'Un*

COMMENTAIRE

Aux Éditions du Cerf

Traité 1 (I, 6), par Anne-Lise Darras-Worms, 2007
Traité 2 (IV, 7), par Angela Longo, 2009
Traité 3 (III, 1), par Marguerite Chappuis, 2006
Traité 4 (IV, 2), par Marguerite Chappuis, 2006
Traité 5 (V, 9), par Alexandrine Schniewind, 2007
Traité 9 (VI, 9), par Pierre Hadot, 1994
Traité 12 (II, 4), par Eleni Perdikouri, 2014
Traité 21 (IV, 1), par Marguerite Chappuis, 2008
Traité 25 (II, 5), par Jean-Marc Narbonne, 1998
Traité 36 (I, 5), par Alessandro Linguiti, traduction de l'italien par Anna Chiara Peduzzi, 2007
Traité 38 (VI, 7), par Pierre Hadot, 1988
Traité 49 (V, 3), par Bertrand Ham, 2000
Traité 50 (III, 5), par Pierre Hadot, 1991
Traité 51 (I, 8), par Dominic O'Meara, 1999
Traité 53 (I, 1), par Gwenaëlle Aubry, 2004
Traité 54 (I, 7), par Agnès Pigler, 2005

Ennéades I, 3. Sur la dialectique, par Vladimir Jankélévitch, 1998

Achevé d'imprimer en décembre 2021
sur les presses de
La Manufacture - Imprimeur – 52200 Langres
Tél. : (33) 325 845 892

N° imprimeur : 211243 - Dépôt légal : décembre 2021
Imprimé en France